武汉城市劳动力发展研究

漆腊应　刘亚飞　著

中国财经出版传媒集团
经济科学出版社
Economic Science Press

图书在版编目（CIP）数据

武汉城市劳动力发展研究/漆腊应，刘亚飞著.
—北京：经济科学出版社，2018.10
ISBN 978-7-5141-9802-7

Ⅰ.①武… Ⅱ.①漆…②刘… Ⅲ.①城市-
劳动力-研究-武汉 Ⅳ.①F249.276.31

中国版本图书馆CIP数据核字（2018）第229577号

责任编辑：申先菊 王新宇
责任校对：王苗苗
版式设计：齐 杰
责任印制：王世伟

武汉城市劳动力发展研究
漆腊应 刘亚飞 著
经济科学出版社出版、发行 新华书店经销
社址：北京市海淀区阜成路甲28号 邮编：100142
总编部电话：010-88191217 发行部电话：010-88191522
网址：www.esp.com.cn
电子邮件：esp@esp.com.cn
天猫网店：经济科学出版社旗舰店
网址：http://jjkxcbs.tmall.com
北京季蜂印刷有限公司印装
710×1000 16开 11.75印张 200000字
2018年11月第1版 2018年11月第1次印刷
ISBN 978-7-5141-9802-7 定价：68.00元

前　言

本书根据在武汉市进行的中国城市劳动力第四轮调查所收集的数据进行撰写。本书从武汉市劳动力的人口特征、人力资本状况、就业状况、社会保障状况等五个方面对武汉市劳动力的现状进行了较为全面的介绍和分析，并在此基础上提出对策建议。

中国城市劳动力调查（China urban labor survey，CULS）是由中国社会科学院负责组织实施的一项大规模城市家庭抽样调查项目，2001 年启动首轮调查，每五年开展一次，该调查旨在全面动态了解城市家庭生活、就业和社会保障状况，通过严谨规范的科学研究为政府相关政策制定提供依据。

第四轮调查于 2016 年进行，与前三轮调查相比，武汉市乃至全国的劳动力市场出现了一些新特征，如劳动力供给减少导致人工成本上升，劳动力的知识结构无法再支持过去传统制造业所需的人力资源，人口老龄化进程加快对养老保障和养老服务业的发展提出了新的要求。这些都需要我们对新形势下的劳动力市场有新的认识和了解。

目 录

Contents

第1章 城市劳动力调查简介

1.1 调查背景

中国城市劳动力调查（China urban labor survey，CULS）是由中国社会科学院负责组织实施的一项大规模城市家庭抽样调查项目，2001 年启动首轮调查，每五年开展一次，该调查旨在全面动态了解城市家庭生活、就业和社会保障状况，通过严谨规范的科学研究为政府相关政策制定提供依据。

2016 年的第四轮调查是在新环境背景下开展实施的，本轮调查针对新环境下我国出现的人口、劳动力问题设计问卷。新环境背景特征主要体现在以下几个方面：

第一，劳动力数量与结构方面。人口结构变化对中国经济的影响正在逐步显性化，近年来出现劳动年龄人口数量和质量的“双变”现象。我国自 2011 年以来，15 ~59 岁劳动年龄人口已处于负增长阶段，近 5 年累计减少的数量约为 2000 万人，2016 年劳动年龄人口继续下降。据有关研究，2017 年之前，劳动力供给的继续增长靠的是劳动参与率的提高；而根据人口预测，从 2018 年开始，劳动参与率提高不再能够抵消劳动年龄人口减少的效果，15 ~59 岁经济活动人口也将进入负增长阶段。劳动力供给的减少导致人工成本上升、产业转移和技术替代劳动成为未来的趋势，劳动力的年龄结构无法再支持过去传统制造业所需的人力资源。

第二，劳动力市场人才匹配方面。中国经济转型升级过程中面临的一大隐忧便是技能人才的缺口。劳动力的知识结构也无法再支持过去传统制造业所需的人力资源。2015 年高等教育的毛入学率达 44%，大学毕业生约占新增劳动力的 50%，初中以下文化程度约占 20%。虽然劳动力教育水平提高了，但大学生自身素质与技能产业结构演化升级要求不尽匹配，带来结构性失业风险，大学生实际技能与市场需求存在一定差距。这些都要求我们了解中国城市目前劳动力市场劳动力技能的高低现状及工作与就业状况。

第三，社会保障方面。随着我国老龄化进程的加快，少子化使得家庭养老负担日趋加重，老年人的养老方式也正经历着剧烈的变革，谁来养老、在哪里养老、如何养老都面临重大的转变，对养老保障和养老服务业的发展提出了新的要求。城乡老年人的养老模式、社会保障制度、养老服务业在新环境老龄化背景下如何顺利开展、实施，这些都需要我们对中国城市老年人口及社会保障情况有更新、更确切的了解。

武汉位于我国的中部地区，是中部地区的中心城市，其发展将会带动整个中部地区城市的发展。武汉的发展需要一体化的劳动力市场，这对于提高经济发展的效率、降低经济发展的成本，以及增加经济发展的福利效应都具有重要意义。因此，武汉市是本项目连续四轮重点关注的城市，2016 年 CULS 在武汉市的调查工作由中国社科院人口与劳动经济研究所、全国妇联妇女研究所、湖北经济学院联合组织实施。

1.2 调查方案

1.2.1 调查目的和组织实施

CULS 调查项目旨在通过收集个体和家庭层面的数据，反映中国城镇劳动力市场的变迁，为学术研究和公共政策分析提供数据基础。调查重点关注城镇本地户籍家庭和外来人口家庭及其成员的就业、工作技能、工作环境、教育培训、收入支出、社会保障等情况。CULS 样本覆盖全国 6 个城市（上海、广州、福州、沈阳、西安、武汉）。CULS 在 2001 年、2005 年和 2010 年分别开展了前三轮调查，2016 年为第四轮调查。第四轮调查于 2016 年 6 月至 10 月展开。调查采用计算机辅助调查技术（CAPI）开展访问，脱离传统纸质版问卷，以满足多样化的设计需求，提高访问效率，保证数据质量。

1.2.2　调查对象、内容和方式

调查对象为抽中家庭中的全部人口和家庭成员的全部子女。其中，家庭中的全部成员是指住在一个住宅内、有共同开支的人员。因旅游、住院、培训或出差等原因临时外出的人员，也算住户成员。调查以家庭为单位进行，家庭分为城市本地户籍家庭和外来人口家庭。其中，城市本地户籍家庭是指住户成员中至少 1 人具有本市户籍的住户，不过，具有本市集体户籍的高等院校学生不算具有本市户籍。外来人口家庭是指全部住户成员均不具有本市户籍。

调查内容主要包括家庭和个人两个方面。家庭方面主要包括家庭的基本信息、住房、收入、支出等；个人方面包括家庭成员的基本信息、性格特点、就业、工作技能、工作环境、教育培训、社会保障等。根据内容要求，问卷的设计主要包括家庭问卷和个人问卷。其中，家庭问卷主要涉及家庭住户的以下信息：家庭成员和子女基本信息、家庭的住房情况、家庭月度支出、家庭年度支出、家庭的耐用品消费、家庭转移性收入和财产性收入、最低生活保障和家庭的联系信息八个部分。家庭问卷的设计旨在了解整个家庭的收入状况、财产状况和开支情况。个人问卷主要包括七个部分：一是对家庭成员的基本情况的调查，主要包括居住地状况、健康情况、来自父母的经济支持、家庭成员不住在本户的其他子女状况、婚姻状况和退休情况等几个方面；二是对家庭成员的工作情况的调查，主要包括劳动参与、当前主要工作、当前主要工作中使用的技能、第一份工作、前一份工作和劳动关系这几个方面；三是对家庭成员的教育和培训情况的调查，主要包括当前教育、教育经历、工作技能和培训这几个方面；四是对家庭成员参与社会保障情况的调查，主要包括养老保险、医疗保险和其他社会保障；五是对家庭成员时间安排的调查；六是对家庭成员的生活满意度的调查；七是问卷回答信息。个人问卷的设计旨在了解武汉市劳动力的工

作情况、技能情况、知识素养情况以及社会保障情况。

调查采用调查员手持电子终端设备（PDA）入户登记方式进行，脱离传统纸质版问卷，以满足多样化的设计需求，提高访问效率，保证数据质量。

1.2.3 抽样方法

2016年第四轮CULS在武汉市的抽样总体是主城区所有居委会的常住人口，既包括本地户籍人口，也包括常住在这些居委会中的外来人口。调查以2015年全国1%人口抽样调查数据为基础进行抽样，以主城区常住人口为总体，采用两阶段抽样方法抽选调查样本。第一阶段抽取居委会，第二阶段抽取住宅。

1.2.4 督导员和调查员的招聘和培训

武汉市共抽取40个居委会，每个居委会配备1~2名调查员，每5~8个居委会配备1名督导员。督导员和调查员的招聘工作由湖北经济学院湖北数据分析中心负责，此次共招聘58名工作人员，负责40个居委会调查工作的开展。58名工作人员均来自湖北经济学信息管理与统计学院2014级及2015级的本科生，是由湖北数据分析中心经过选拔得到，这些被选拔得到的督导员和调查员具有一定的统计学知识，经培训能够使用手持电子终端设备（PDA），工作认真负责、身体健康，完全能够胜任调查工作的开展。

全程使用PDA方法的培训、问卷中需要注意事项的解释，以及调查过程中对可能出现问题的解答，均由中国社会科学院人口与劳动经济研究所组织实施。

1.2.5 调查摸底及入户调查

入户调查前的摸底工作在2016年6月份开展。在这个阶段，调查员和督导员要对抽中居委会内的建筑物和抽中建筑物内的住宅进行摸底，编制建筑物列表和住宅列表。

调查前的培训工作于2016年8月13号开始，正式的入户调查工作从8月16号开始，采用调查员手持PDA入户询问的方式进行。对完成入户调查的住户，督导员应及时组织调查员进行复查，经核实无误后上报。全部调查工作于2016年9月初完成。

1.2.6　调查数据管理

调查获得的原始数据由中国社会科学院人口与劳动经济研究所负责管理，要求对在调查实施过程中接触到的住户信息和调查数据严格保密。这个方案的制定由中国社会科学院人口与劳动经济研究所负责解释。

1.3　抽样方案

1.3.1　调查范围和目标样本量

中国城市劳动力调查（第四轮）的实施范围包括6个城市，分别为上海、广州、沈阳、福州、武汉和西安。抽样以城市为总体，抽选对城市有代表性的本地户和外来户样本。目标样本量共计6400户、16000人，其中本地户为3800户，外来户为2600户。按城市来分：上海、广州的样本量为1200户，其中本地户籍家庭700户、外来人口家庭500户；沈阳、福州、武汉、西安的样本量为1000户，其中本地户籍家庭600户、外来人口家庭400户。

1.3.2　抽样方法

在对武汉市的调研中，以武汉市为总体，采用两阶段抽样方法抽选调查样本。第一阶段抽取居委会。采取PPS抽样方法来抽取居委会样本，即按照地址码对每个城市主城区内的所有居委会进行排序，采用与常住人口规模成比例的PPS抽样方法来抽选出预定数量的居委会。第二阶段抽取住宅。在每一个抽中的居委会内，先抽一定数量的建筑物，再针对抽中建筑物的所有住宅进行摸底，然后根据摸底信息分别建立本地户和外来户的住宅抽样框资料，最后采用随机等距方法抽选出一定数量的本地户和外来户。

1. 第一阶段的抽选

居委会抽样框的编制。为了建立有效、准确的村级抽样框，项目组收集整理了武汉市主城区范围内所有居委会的基本资料，信息包括居委会的12位地址码、居委会名称、居委会所属的街道/乡镇及市辖区的名称、居委会2015年的常住人口数和外来人口数等信息。武汉市的调查工作是在武汉市主城区所覆盖的8个区958个居委会当中抽取获得，其中被抽中的居委会个数为40个。

居委会的抽样。居委会抽样采用的是PPS抽样方法。直接按照地址码对每个城市主城区内的所有居委会进行排序，采用与常住人口规模成比例的PPS抽样方法来抽选出预定数量的居委会。武汉市被抽中的居委会及街道详情如表1-1所示。

表1-1　武汉市被抽中的居委会一览表

市	区	街道（镇）	社区（居委会）
武汉市	江岸区	一元街办事处	扬子社区
武汉市	江岸区	西马街办事处	高雄社区
武汉市	江岸区	二七街办事处	长建社区
武汉市	江岸区	丹水池街办事处	丹北社区
武汉市	江岸区	塔子湖街办事处	跃进社区
武汉市	江汉区	水塔街办事处	前进社区居委会
武汉市	江汉区	唐家墩街办事处	新村社区居委会
武汉市	江汉区	长青街办事处	富豪社区居委会
武汉市	江汉区	汉兴街办事处	常四社区居委会
武汉市	硚口区	宗关街道办事处	双墩社区居委会

续表

市	区	街道（镇）	社区（居委会）
武汉市	硚口区	宝丰街道办事处	同济医大社区居委会
武汉市	硚口区	汉正街道办事处	石码社区居委会
武汉市	硚口区	长丰街道办事处	正康社区居委会
武汉市	硚口区	韩家墩街道办事处	新华社区居委会
武汉市	汉阳区	江堤街办事处	江堤社区居委会
武汉市	汉阳区	鹦鹉街办事处	夹河社区居委会
武汉市	汉阳区	五里墩街办事处	五丰里社区居委会
武汉市	汉阳区	江汉二桥街道办事处	水仙里社区居委会
武汉市	武昌区	杨园街办事处	柴东社区居委会
武汉市	武昌区	徐家棚街办事处	徐东社区居委会
武汉市	武昌区	粮道街办事处	东龙社区居委会
武汉市	武昌区	首义路街办事处	长湖社区居委会
武汉市	武昌区	中南路街办事处	洪山坊社区居委会
武汉市	武昌区	水果湖街办事处	青鱼嘴社区居委会
武汉市	武昌区	南湖街办事处	华锦社区居委会
武汉市	武昌区	紫阳街办事处	复兴路社区居委会
武汉市	青山区	冶金街道办事处	南干渠社区居委会
武汉市	青山区	钢花村街道办事处	117 街社区居委会
武汉市	洪山区	珞南街道	武汉理工大西社区居委会
武汉市	洪山区	关山街道	汽标社区居委会
武汉市	洪山区	关山街道	保利社区居委会
武汉市	洪山区	狮子山街道	通惠社区居委会
武汉市	洪山区	梨园街道	华腾园社区居委会
武汉市	洪山区	洪山街道办事处	井岗居委会
武汉市	洪山区	和平街道办事处	金鹤园社区
武汉市	洪山区	张家湾街道	列电社区居委会
武汉市	洪山区	卓刀泉街道	吴家湾社区居委会
武汉市	东西湖区	吴家山街道办事处	长青社区居委会
武汉市	东西湖区	泾河街道办事处	海景北区社区居委会
武汉市	东西湖区	新沟镇街道办事处	新镇社区居委会

2. 第二阶段的抽样

第二阶段的抽样是在抽中居委会内进一步抽选住宅。对于武汉市来说，目标样本量为25户，其中本地户为15户，外来户为10户。

在具体操作上，住宅抽选的工作分为以下四个步骤。

第一步：进行建筑物清查，整理建筑物列表。各城市组织人员通过实地观察，对居委会地域范围内所有有人居住的建筑物进行清查，并填写建筑物列表。

第二步：根据建筑物列表，采用随机等距抽样方法抽选出一定数量的建筑物。

第三步：对抽中建筑物中的所有住宅进行摸底，构建住宅抽样框资料。摸底主要是识别住宅是否有人居住，如果有人居住，居住的是本地户还是外来户。根据摸底资料，分别整理出有本地户居住的住宅名录和有外来户居住的住宅名录，为下一步抽选住宅提供抽样框资料。

第四步：根据住宅抽样框资料，抽选出预定数量的本地户和外来户样本。考虑到拒访和联系不上等情况，在住宅抽选时采用过度抽样的做法，过度抽样系数设置为1.5倍。根据有本地户居住的住宅名录和有外来户居住的住宅名录，按照随机等距抽样方法抽选出一定数量的有本地户居住的住宅和一定数量的有外来户居住的住宅。

1.3.3 权数计算

本调查的抽样设计为不等概率抽样方法，调查数据采用加权的方式进行数据汇总和分析。由于在每一个城市以城市为总体采用两阶段抽样方法抽选调查样本，因此，调查户权数针对每一个城市单独计算。并且，设计权数由抽选居委会的权数和抽选调查户的权数两部分连乘得到。

$$w = w_1 \times w_2$$

$$w_1 = \frac{N_h}{n_h \times N_{hi}}$$

$$w_2 = \frac{M_{hil}}{m_{hil}} \approx \frac{N_{hil}}{s_l \times m_{hil}}$$

式中，w 表示调查户的设计权数，w_1 表示抽选居委会的权数，w_2 表示在抽中居委会内进一步抽选调查户的权数。h 为每个城市的分层标识，在 6 个城市中仅沈阳和西安在抽选居委会时进行了分层抽样，而其他 4 个城市将整个城市视为一层。i 为居委会的标识。N_h 为第 h 层的常住人口总数，N_{hil}为第 h 层、第 i 个居委会的常住人口数，n_h 为第 h 层的居委会样本个数。l 为抽中居委会内的分层标识（本地/外来），因为在每一个居委会中本地户和外来户是分开抽选的。M_{hil}为第 h 层、第 i 个居委会中本地户或外来户的总户数，m_{hil}为第 h 层、第 i 个居委会内本地户或外来户的样本个数，N_{hil}为第 h 层、第 i 个居委会中本地户或外来户的常住人口数，s_l 为该城市中所有本地户样本或外来户样本的平均户规模。由于无法得到每个居委会中本地户和外来户的户数信息，因而采用居委会中本地户或外来户的常住人口数除以该城市本地户或外来户的平均户规模近似得到。

1.4　实施细则

中国城市劳动力调查（第四轮）在各城市采用两阶段抽样设计，先抽居委会，再抽住宅。在居委会样本抽选完成之后，现场抽样工作包括对居委会样本进行确认、填写抽中居委会补充调查表、进行建筑物清查并填写建筑物列表、抽选一定数量的建筑物、对建筑物中的所有住宅进行摸底、填写住宅列表、整理住宅抽样框资料并抽选出一定数量的住宅样本。

居委会样本的抽选、建筑物的抽选和住宅的抽选由项目组完成；居委会样本确认、填写居委会补充调查表、建筑物清查和填写建筑物列表，以及摸底调查和填写住宅列表的工作由各城市组织人员完成。

1.4.1　居委会样本的确认和信息补充

项目组将抽选出的居委会样本下发给各城市。各城市在收到居委会样本资料后，需要完成两项工作。一是对抽中居委会进行确认。如果出现某居委会无法正常开展调查的特殊情况，则由各城市向项目组申请备用居委会，原则上各城市启用备用居委会的比例不超过5%。二是填写抽中居委会补充调查表。抽中居委会补充调查表主要收集抽中居委会常住人口中的本市户籍人口数和外市户籍人口数，以及居委会地域范围内是否有外来人口集中居住的工地工棚或工厂宿舍。居委会补充调查表由居委会工作人员结合当前居委会掌握的相关行政统计资料进行估算填写。相关资料包括公安、计生和统计等部门有关流动人口的登记信息。

另外，在抽中居委会补充调查表填写上报完成之后，项目组根据各城市抽中居委会中外来人口集中居住的工地工棚或工厂宿舍的实际情况，决定是否增加工地工棚或工厂宿舍方面的特殊样本，具体样本量和样本抽选方法另行确定。

1.4.2 建筑物清查并填写建筑物列表

一般情况的处理。各城市组织人员通过实地观察，按照一定的行走路线，对居委会地域范围内所有有人居住的建筑物进行清查，并填写建筑物列表。

在填写建筑物列表时，相关工作人员应注意以下三点：一是居委会内的建筑物做到不重不漏，所有有人居住的建筑物都应填写在建筑物列表中，其中排除大学宿舍、福利院、养老院、监狱、军营等公共机构；二是在填写建筑物中的住宅数时，如果存在有人居住的地下室等情况，也应计算在内；三是如果居委会还散落着一些有人居住的平房或临时搭建的房屋，可以将其组合起来列在建筑物列表的最后。建筑物列表的具体填写如表1－2所示。

表 1－2　　建筑物列表填写实例

层级	市辖区	街道	居委会
名称	汉江区	汉兴街道	华苑里社区
编码	420103	013	007
1	华苑小区一区 1 号楼	96	
2	华苑小区一区 2 号楼	80	
3	华苑小区一区 3 号楼	80	
4	华苑小区一区 4 号楼	96	
5	华苑小区一区 5 号楼	126	
6	华苑小区一区 6 号楼	120	
7	华苑小区二区 1 号楼	96	
8	华苑小区二区 2 号楼	84	
9	华苑小区二区 3 号楼	84	
10	华苑小区二区 4 号楼	108	
11	华苑小区二区 5 号楼	120	
12	华苑小区二区 6 号楼	126	
13	居委会内零散分布的平房	15	

特殊情况的处理。如果遇到部分居委会的建筑物个数非常多，相关工作人员采用对居委会进行拆分的方法来简化操作。第一种是居委会的人口规模很大，如居委会的常住人口数超过了 2 万人，导致居委会建筑物的个数非常多的情况。这种情况下由项目组按照道路等地理分界线对居委会进行拆分，选取居委会中一块常住人口规模在 6000 人左右、外来人口相对较多的区域进行建筑物的清查，以减少建筑物清查的工作量。同时，这种情况下保存一份纸质的地图，明确最后划定区域的边界。地图的绘制利用百度地图或其他来源得到整个居委会的地图，然后用笔标注出最后划定的区域。第二种是居委会以低矮建筑物或平房为主，导致居委会建筑物的个数非常多的情况。这种情况下由项目组按照道路等地理分界线，在居委会地域范围内直接选取一块住宅规模为 200 ~ 300 宅，且外来人口相对较多的区域进行后续的摸底工作，也就是说这种情况下略掉填写建筑物列表和抽取建筑物这两个步骤。同样，这里也保存地图并在

其中明确最后划定区域的边界，具体方法同上。

1.4.3 抽选建筑物

项目组根据抽中居委会的建筑物列表，原则上按照随机等距抽样方法抽选出3栋左右建筑物。如果某居委会在建筑物列表的最后列有零散平房组合，则直接将其添加到最后的抽中建筑物名单中，也就是“3+1”栋建筑物，作为之后摸底调查和住宅抽选的范围。

在建筑物抽选时，需要注意两点。一是抽中建筑物的住宅总数不应少于200宅。如果抽中建筑物的住宅数之和少于200宅，则采取“4+1”的办法，即抽选4栋建筑物再加上平房组合。二是抽中建筑物应适当兼顾外来人口较多的建筑物。如果在建筑物列表中存在有外来人口较多的建筑物但是均未抽中，则重新设定随机起点，再抽一次。

1.4.4 摸底调查并填写住宅列表

各城市组织人员对抽中建筑物中涉及的所有住宅进行摸底调查，并填写住宅列表。摸底调查主要是识别住宅中居住的是本地户还是外来户，为后续本地户和外来户的抽选提供抽样框资料。

表1-3是住宅列表的具体填写实例。其中，需要特别注意三点：一是住宅地址要填写清，标准是调查员看到该地址就能准确识别和找到是哪个住宅。二是住宅标识的填写，这里住宅标识有四种（本地户、外来户、空宅、商用或非调查对象），这里外来户被界定为家庭成员均为外市户籍的住户。如果住宅中居住的是外国人，则应选择“商用或非调查对象”。三是一宅多户的备注。遇到一宅多户的情况，将一宅多户的户数和其他情况填写在备注栏，方便在调查中对一宅多户的情况进行处理。另外对于一宅多户的情况，只要其中有一户是外来户，则应将其住宅标识判定为“外来户”。

表 1-3 住宅列表实例

住宅序号	住宅地址	住宅标识 (1. 本地户 2. 外来户 3. 空宅 4. 商用或非调查对象)	一宅多户备注
1	华苑小区一区 3 号楼 1 单元 101		
2	华苑小区一区 3 号楼 1 单元 102		
3	华苑小区一区 3 号楼 1 单元 201		
4	华苑小区一区 3 号楼 1 单元 202		
5	华苑小区一区 3 号楼 1 单元 301		
6	华苑小区一区 3 号楼 1 单元 302		
7	华苑小区一区 3 号楼 1 单元 401		
8	华苑小区一区 3 号楼 1 单元 402		
9	华苑小区一区 3 号楼 1 单元 501		
10	华苑小区一区 3 号楼 1 单元 502		
…			

1.4.5 抽选住宅

根据抽中居委会的住宅列表，项目组分别整理出有本地户居住的住宅名录和有外来户居住的住宅名录，形成用于抽选本地户和外来户的住宅抽样框资料。然后按照随机等距抽样方法，抽选出一定数量的有本地户居住的住宅和一定数量的有外来户居住的住宅，用于正式的问卷调查。

在上海和广州的每个抽中居委会中，目标样本量为 24 户，其中本地户为 14 户，外来户为 10 户；在沈阳、福州、武汉和西安的每个抽中居委会中，目标样本量为 25 户，其中本地户为 15 户，外来户为 10 户。考虑到拒访和联系不上等无回答的情况，在住宅抽选时采用过度抽样的做法，过度抽样系数设置为 1.5 倍。即在上海和广州，每个居委会抽取 21 个有本地户居住的住宅和 15 个有外来户居住的住宅；在沈阳、福州、武汉和西安，每个居委会抽取 22 个有本地户居住的住宅和 15 个有外来户居住的住宅。

考虑到少数居委会可能存在外来人口非常少的情况，并非所有居委会都能抽选到预定数量的外来户样本。这种情况下，由项目组在摸底调查结束后，根据抽中建筑物的所有住宅中本地户和外来户的实际情况，确定要抽选的有本地户居住的住宅数量和有外来户居住的住宅数量。

1.5 小 结

第四轮 CULS 武汉站的调查于 2016 年 9 月全部结束，在整个实施过程中，58 名调查员认真负责，表现出了优秀的专业文化知识和极高的调研专业素养。通过对第四轮 CULS 武汉站调研数据的分析，我们能掌握武汉市以下几个基本方面的现状：第一，劳动力的人口特征，主要包括年龄状况、婚姻状况、户籍状况和家庭特征；第二，劳动力的人力资本状况，主要包括劳动力的教育程度、工作技能、培训状况和健康状况；第三，劳动力的工作状况，主要包括劳动参与状况、劳动力估计状况、劳动关系和劳动权益状况、工作满意度；第四，社会保障状况，主要包括养老保险、医疗保险和其他社会保障；第五，武汉市市民的家庭经济状况。

另外，在武汉市近两年的发展中，人口和劳动力方面遇到了以下几个方面的突出问题，主要表现在：

第一，武汉市养老问题方面。武汉市 1998 年开始进入老龄化社会，截至 2015 年年底，全市户籍总人口 829.27 万人，其中 60 周岁以上的老人有 163.76 万人，比 2014 年增长 4.96%，占武汉市总人口的 19.74%，17 个城区全部步入老龄化社会。预计到 2016 年年底，60 岁以上的老人将增加 10 万人左右，占武汉市总人口的比例将接近或达 20.7%。

第二，武汉市劳动力参与率方面。从近几年武汉市的劳动参与率来看，基本在 60.5% ~63%，距较发达省份 65% ~70% 的水平还有一定距离。同时，可能还存在结构性失业的问题。

第三，武汉市劳动力结构方面。目前，武汉城镇劳动力的男性劳动参与率已达 71.0%，高出女性 14.7 个百分点，男性仍是社会和家庭劳动参与的主要成员。女性就业的弱势局面相较于男性而言，还需要继续改善。另外，城镇非农人口劳动参与率不高，对社会健康发展有一定影响。

第四，最近几年武汉市出现的企业“用工荒”问题。非农人口受竞争意识、个人需求、择业观念和市场要求等个人与社会因素的影响，他们的劳动参与率远不如农业人口。特别是城镇中的“80 后”、“90 后”人群无生活与养家之忧，在收入水平和工作环境与其预期相差较大，积极寻求就业意愿不强，一旦发生农业人口的“流失”，而非农人口短期内无法有效补充，将导致企业“用工荒”，从而影响经济的健康发展。

第五，武汉市的产业结构升级与劳动力技能需求方面。武汉市一直以来属于重化工城市，服务业以传统服务业为主，在发展水平和吸纳劳动力方面与发达城市还有很大差距。“十三五”期间，武汉将推进“互联网 + 先进制造业”，加快新一代信息技术与制造业、制造业与服务业深度融合。但是武汉市近两年出现“有活没人干、有人没活干”的局面，这意味着武汉市出现了人力资源不匹配的问题。

那么在这个过程中，我们将需要大量的高技能劳动力，但是否意味着我们将减少对低技能劳动力的需求？武汉市目前的劳动力人力资本状况如何？

针对武汉市出现的上述问题，我们拟利用武汉市 2016 年劳动力数据展开进一步的研究，希望能解答以下问题：针对武汉市老龄化的进一步加深，市民们的社会保障状况如何？养老问题如何解决？如何提高武汉市劳动力的参与率，以及如何优化劳动力结构，进而匹配武汉市工作岗位的需求？武汉市目前的劳动力人力资本基本状况如何？在武汉市产业结构升级过程中，将需要大量的高技能劳动力，但是否意味着我们将会减少对低技能劳动力的需求？希望进一步的研究工作能为新环境下武汉市的发展建言献策。

第2章　劳动力的人口特征

2.1　年龄分布

人口年龄结构是指在一定时间和地域范围内不同年龄阶层的分布情况，即各年龄阶层的人口占总人口的比重，反映人口按年龄进行分布的特征①。它是过去和当前人口出生、死亡、迁移变动对劳动力人口结构的综合作用，也是经济增长和社会变迁的结果。不同的年龄阶段，对就业岗位的需求和经济行为特征存在异质性，通过分析年龄结构对社会经济发展具有重要意义，而且现在的人口结构是今后劳动力人口再生产变动的基础和起点，也会影响未来的人口发展状况。

2.1.1　年龄结构整体情况

从年龄分布频次表（见表2-1）和直方图（见图2-1）来看，武汉市劳动力人口年龄结构呈现“两头小、中间大”的特征，16岁以下的劳动力占11.41%，16~60岁的劳动力占72.43%，60岁以上的劳动力占16.16%，其中，16~45岁劳动力占42.01%。“两头小、中间大”说明劳动力年龄结构较

① 李魁．人口年龄结构变动与经济增长——兼论中国人口红利［D］．武汉大学博士学位论文，2010.

年轻，社会负担较低，处于“人口红利”的黄金时期。目前，武汉市劳动力人口的平均年龄约为41岁，65岁以上的占10%，根据国际标准，一个地区65岁及以上人口的比重超过7%即为老龄化社会，这说明当前劳动力人口老龄化趋势在加强，劳动力资源优势在减弱。从未来趋势来看，16岁以下的劳动力人口占11.41%，年龄结构呈现“底部收缩”的状态，表明未来进入劳动年龄阶段的人口将减少，随着劳动力老龄化速度的逐步加快，劳动力总体供给压力不断增强。

表2-1　　武汉市劳动力的人口年龄分布频次

年龄组	人数（人）	百分比（%）	累计百分比（%）
5岁以下	94	2.88	2.88
6~10岁	168	5.15	8.03
11~15岁	110	3.37	11.41
16~20岁	136	4.17	15.58
21~25岁	169	5.18	20.76
26~30岁	300	9.20	29.96
31~35岁	324	9.94	39.90
36~40岁	301	9.23	49.13
41~45岁	276	8.46	57.59
46~50岁	347	10.64	68.23
51~55岁	283	8.68	76.91
56~60岁	226	6.93	83.84
61~65岁	201	6.16	90.00
66~70岁	149	4.57	94.57
71~75岁	62	1.90	96.47
76~80岁	57	1.75	98.22
81~85岁	35	1.07	99.29
86~90岁	20	0.61	99.91
91~95岁	2	0.06	99.97
96~100岁	1	0.03	100
合计	3261	100	—

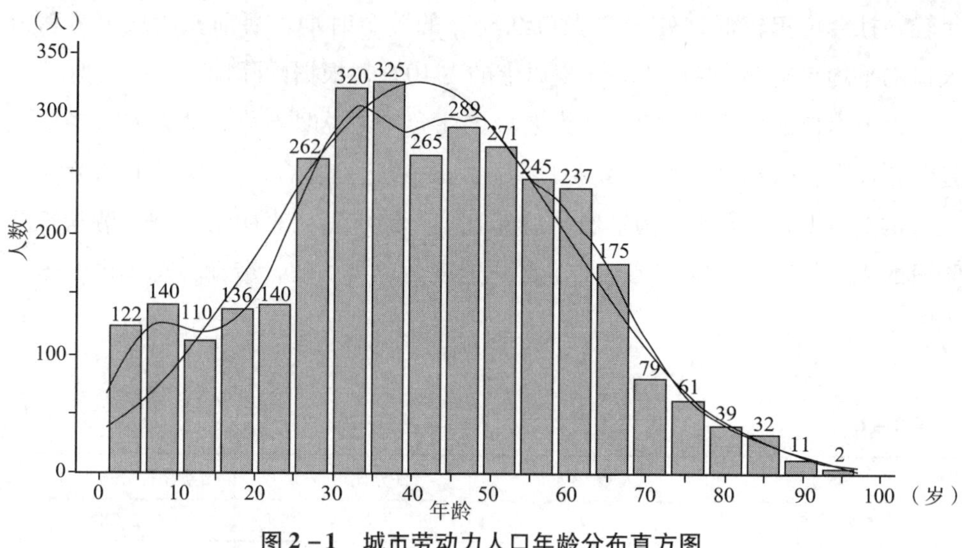

图 2－1　城市劳动力人口年龄分布直方图

2.1.2　各年龄段的性别结构

通过作人口金字塔图（见图2－2），可以直观地显示武汉劳动力人口的年龄结构、性别结构。图2－2中，每一层代表一个年龄组的人口，上部代表老年人口，中部代表中年人口，下部代表少年儿童；左边表示男性，右边表示女性；水平方向表示男性和女性各个年龄阶段的人数，以人为单位。

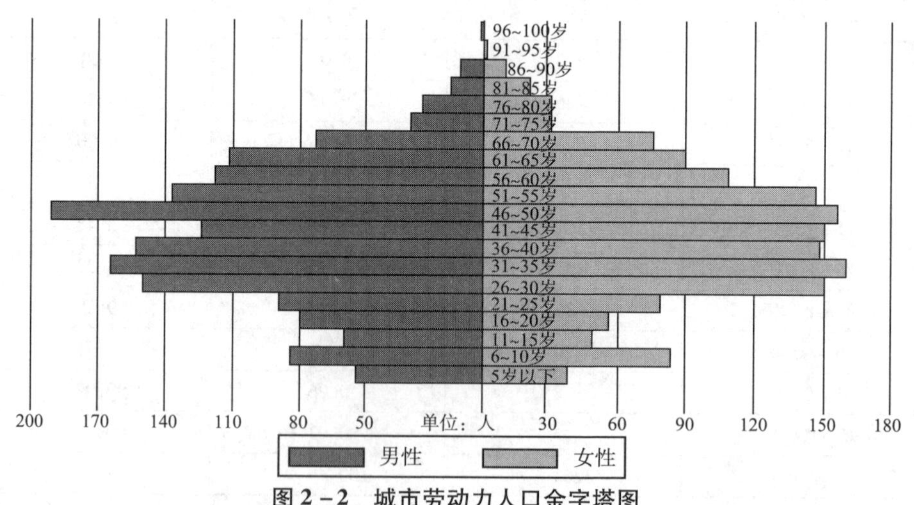

图 2－2　城市劳动力人口金字塔图

资料来源：中国城市劳动力社会调查数据库。

通过观察，年龄结构呈收缩型，底部收缩，上部逐渐变宽。说明老年劳动力逐渐增加，而少年儿童人口比重缩小，这可能是出生率长期下降的结果，表明后备劳动力力量薄弱。如果生育水平不变，未来的劳动力再生产趋势不容乐观，劳动力人口将减少。

通过表 2 – 2 可以看到，从 16 ~45 岁的年轻劳动力现在主要从事的活动来看，年轻劳动力现在主要为务农或从事工作，占 85%，说明年轻劳动力资源劳动参与率高、生产性较强。

表 2 – 2　　武汉市劳动力人口现在主要从事活动分布

性别 / 现在主要从事的活动	男	女	总计
劳动（农民）、工作	605	513	1118
待业	37	25	62
操持家务	1	109	110
休产假或长期病休	0	8	8
丧失工作能力	5	2	7
年龄太小	0	1	1
服兵役（不包括军官）	2	0	2
其他	3	5	8
总计	653	663	1316

2. 2　婚姻状况

家庭是社会的细胞，而婚姻是家庭的基础。改革开放之前，我国的婚姻状况受到传统“家本位”的观念影响很深。而自 20 世纪 80 年代以来，改革开放政策的实施，传统中国社会出现由传统农业社会向工业社会转型，社会变迁和市场经济的发展也影响了传统的婚姻观念，婚姻的选择性、自主性增强。婚姻状况指的是反映每个人在某一地区内的婚姻状态，包括未婚、已婚（初婚有配偶、再婚有配偶、复婚有配偶）、丧偶、离婚四种。研究劳动力人口的婚姻状况，对于分析劳动力就业需求和消费支出等经济行为、子女教育成长和家庭稳定等社会问题具有重要意义。

2.2.1 婚姻整体状况

通过作出婚姻状况的频次（见表2-3）可以看出，在所调查的样本中，已知婚姻状况的有效问卷为2750份，其中，有配偶的有2216人，占总人数的80.58%；未婚的有367人，占总人数的13.35%；离婚和丧偶的共167人，占总人数的6.07%；未婚、离婚和丧偶三类婚姻状况异常的共534人，占总人数的19.42%。这说明在接受调查的武汉市劳动人口中，婚姻状况比较稳定，婚姻结构较为理想。但是在整体婚姻状况的基础上，除了关注有配偶的分布特征外，未婚、离婚和丧偶等往往包含隐藏影响家庭和社会稳定的因素，因而也需进一步关注婚姻状况异常背后的劳动力人口特征。

表2-3　　武汉市劳动力人口婚姻状况频次

婚姻状况	人数（人）	百分比（%）	累计百分比（%）
有配偶	2216	80.58	80.58
未婚	367	13.35	93.93
离婚	58	2.110	96.04
丧偶	109	3.960	100
合计	2750	100	—

2.2.2 各年龄段婚姻状况

通过观察婚姻状况的年龄分布（见表2-4）可以看出，在有配偶的年龄阶段分布中，集中分布于26~60岁，分布比较均衡。而且根据我国现行《中华人民共和国婚姻法》，迟于法定年龄三年以上结婚者为晚婚，即男25周岁、女 23 周岁以上结婚者，武汉市劳动力人口有配偶年龄段集中分布在 26 岁以后，说明社会婚姻状况整体比较稳定。但是观察直方图（见图 2－3）可以发现，在 41～45 岁时配偶率出现下降，结合年龄段频次图来看，41～45 岁的离婚人数比较多，离婚率占该阶段的 5.43%，相对高，而且进一步分析可以看出其主要行业分布为批发与零售服务人员，所以有可能是因为收入有限和生计原因导致家庭关系不合，从而导致离婚。

表 2－4　　　　武汉市劳动力人口各年龄段婚姻状况　　　　单位：人

年龄组＼婚姻状况	有配偶	未婚	离婚	丧偶	合计
21～25 岁	17	151	1	0	169
26～30 岁	162	136	0	0	298
31～35 岁	276	46	2	0	324
36～40 岁	277	20	4	0	301
41～45 岁	254	5	15	2	276
46～50 岁	330	6	8	3	347
51～55 岁	264	2	9	7	282
56～60 岁	205	0	11	10	226
61～65 岁	185	1	3	12	201
66～70 岁	130	0	5	14	149
71～75 岁	50	0	0	12	62
76～80 岁	38	0	0	19	57
81～85 岁	20	0	0	15	35
86～90 岁	7	0	0	13	20
91～95 岁	0	0	0	2	2
96～100 岁	1	0	0	0	1
合计	2216	367	58	109	2750

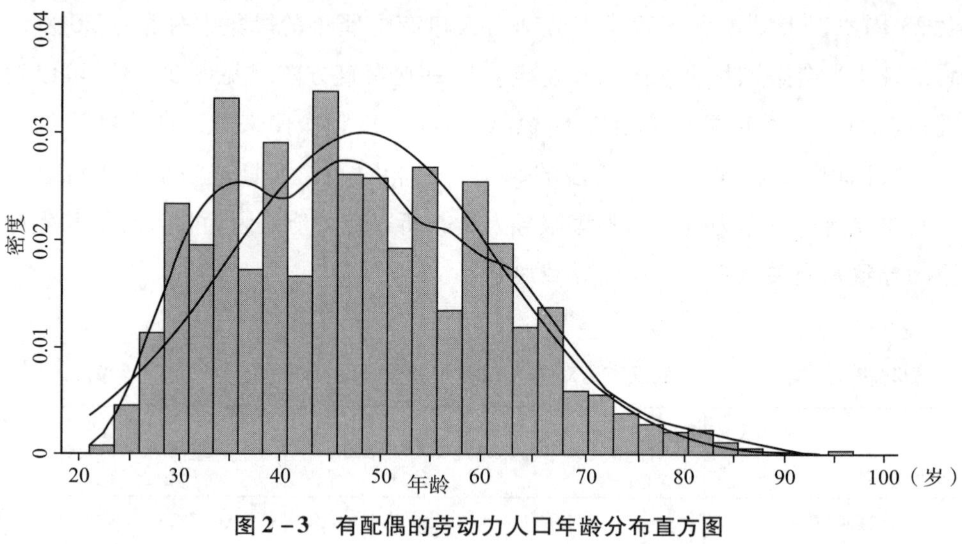

图 2－3　有配偶的劳动力人口年龄分布直方图

2.2.3　无配偶劳动力人口特征

婚姻状况异常主要指无配偶的劳动力人口，包括未婚、离婚和丧偶，这些婚姻状况往往容易隐藏影响家庭和社会稳定的因素，因而是我们关注和分析的重点。

通过婚姻状况和年龄组的频次（见表 2－5），发现未婚劳动人口集中在 21～30 岁，共 287 人，占样本总人口的 10.44%，占无配偶的劳动力人口的 57.75%。从性别来看，未婚劳动力人口中，男性有 224 人，占样本总人口的 8.15%，占无配偶人口的 41.95%；女性有 143 人，占样本总人口的 5.2%，占无配偶人口的 26.78%。说明还有许多年轻劳动力面临着结婚的压力，而且“剩男”的比重大于“剩女”，出于需组建家庭的压力，对劳动力就业和社会稳定会产生一定的影响。

表 2－5　婚姻状况和年龄分布频次　单位：人

婚姻状况 \ 性别	男	女	总计
未婚	224	143	367
离婚	28	30	58

续表

婚姻状况＼性别	男	女	总计
丧偶	24	85	109
总计	276	258	534

丧偶劳动力人口共 109 人，占样本总人口的 3.96%，占无配偶的劳动力人口的 20.41%。从性别上来看，女性人数多于男性，在无配偶劳动力人口中高出 11.42%。并且从年龄分布来看，集中在 60 岁以上，缺少可靠收入来源，而且在丧偶的 85 名女性中有 6 位无子女，这说明丧偶带来的不幸给女性带来了较大的生活压力。

2.3　户籍状况

长期以来，城市的高房价和户籍制度限制了非技能劳动力在城乡之间自由流动，这被认为是城乡收入差距扩大的根本原因。[①] 从现有许多研究来看，户籍制度阻碍了劳动力要素的优化配置、降低了经济效率。在户籍制度改革高涨的呼声下，“十三五”规划建议提出要推动城乡协调发展，深化户籍制度改革，推进以人为核心的新型城镇化。因此，研究劳动力人口的户籍状况，对于了解武汉市劳动力自由流动、城乡收入差距、公共服务供给、新型城镇化等问题，对释放改革红利具有重要意义。

2.3.1　劳动力人口户口分布情况

通过作出劳动力人口的户口性质分布（见表 2－6）可以看出，在调查的

① 安虎森，颜银根，朴银哲，等．城市高房价和户籍制度：促进或抑制城乡收入差距扩大？——中国劳动力流动和收入差距扩大悖论的一个解释［J］．世界经济文汇，2011（4）．

3261 名样本中，非农业户口的劳动力人口有 2215 人，占样本人口总数的 67.92%；农业户口的共有 1033 人，占样本人口总数的 31.68%；户口待定和港澳台及国外的劳动力人口共 13 人，占样本人口总数的 3.9%。因此，武汉市城市劳动力人口以非农户口为主。进一步研究非农户口劳动力的年龄、性别和工作行业等特征，重点研究占样本总数三成的农业户口劳动力，分析农业户口劳动力的年龄、性别、婚姻状况和行业等特征，分析流入武汉城市劳动力的人口特征，以及影响武汉劳动力人口流动的“拉力”。

表 2－6　　劳动力人口的户口性质分布

现在的户口性质	人数（人）	百分比（%）	累计百分比（%）
非农业户口	2215	67.92	67.92
农业户口	1033	31.68	99.60
户口待定	7	0.210	99.82
不适用（港澳台地区及国外）	6	0.180	100
合计	3261	100	—

2.3.2 各种户口性质的性别分布

通过作出户口性质的性别分布（见表 2－7）可以看出，非农户口劳动力人口中，男性占 67.32%，女性占 68.56%；农业户口劳动力人口中，男性占 32.20%，女性占 31.12%。在非农和农业劳动力人口二者之间，男女性别结构相当；在户口性质内部性别结构中，都是男性劳动力占三成以上。

表 2－7　　各种户口性质的性别分布

性别 = 男			
现在的户口性质	人数（人）	百分比（%）	累计百分比（%）
非农业户口	1131	67.32	67.32
农业户口	541	32.20	99.52
户口待定	4	0.240	99.76
不适用（港澳台地区及国外）	4	0.240	100
合计	1680	100	—

续表

性别 = 女			
现在的户口性质	人数（人）	百分比（%）	累计百分比（%）
非农业户口	1084	68.56	68.56
农业户口	492	31.12	99.68
户口待定	3	0.190	99.87
不适用（港澳台地区及国外）	2	0.130	100
合计	1581	100	—

通过作出劳动力人口当前户口性质的年龄段条形图（见图 2－4）可以看出，武汉的城市劳动力人口中农业户口的年龄段集中在 21～55 岁，结构比较年轻，正值年轻力壮。从行业分布来看，位于前五位的行业和占农村户口人口总数比重是：批发与零售服务人员，占 33.81%；住宿和餐饮服务人员，占 12.02%；建筑施工人员，占 9.16%；交通运输、仓储和邮政业服务人员，占 8.55%；居民服务人员，占 4.48%。由此可见，年轻劳动力主要从事劳动密集型产业和服务业。

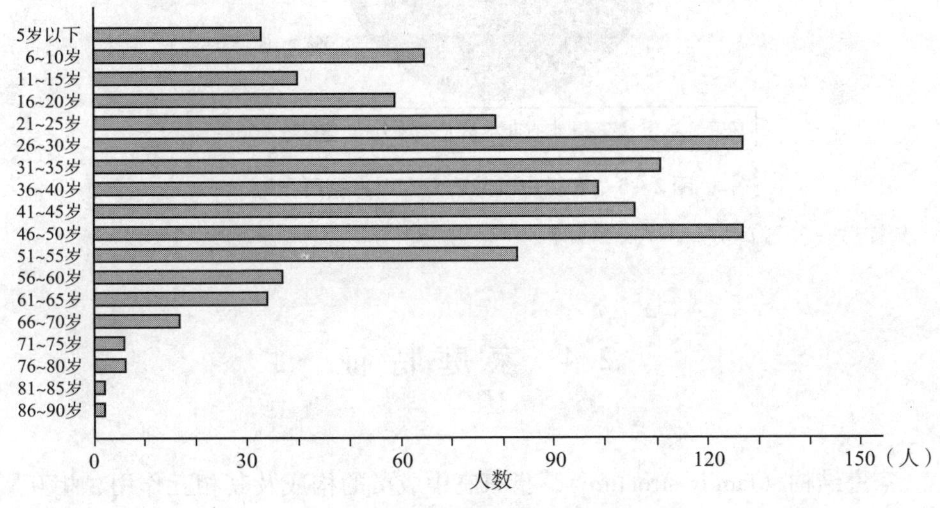

图 2－4　农村户口劳动力人口条形图

资料来源：中国劳动力人口调查数据库。

2.3.3 农村户口劳动力特征分析

通过作出农村户口劳动力户籍所在地（见图2-5）可以看出劳动力的来源，分析劳动力流动的特征。由图2-5可以看出，来自湖北省非武汉市的务工劳动力占68%，占大多数；来自外省的劳动力人口占22.6%；来自武汉本市的劳动力占9.2%。这说明武汉城市劳动力的流入主要来自本省其他地区，以省内流动为主，劳动力自主流动的范围受限。户籍制度构成二元经济结构的核心制度安排，它通过显性或隐性的限制方式为城乡居民提供差异化的公共服务与社会福利。对农村劳动力施加因出生地差别而形成的"天然本"，进而影响到农村劳动力的流动决策。①

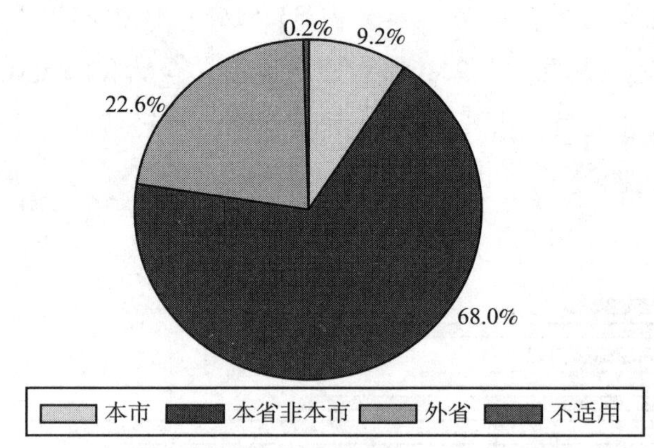

图2-5　农村户口劳动力人口户籍所在地

资料来源：中国劳动力人口调查数据库。

2.4　家庭特征

家庭结构（family structure），指家庭中成员的构成及其相互作用、相互影

① 郭志仪，郑周胜．基于户籍制度视角的农村劳动力返流现象分析［J］．西北人口，2012（1）．

响的状态，以及由这种状态形成的相对稳定的联系模式。要了解家庭关系的变迁，家庭结构是一个重要的背景资料，原因在于大家庭和小家庭的家庭关系会很不同，复杂家庭结构与简单家庭结构中的家庭成员关系也各具特点。[①] 家庭有不同的分类方式，根据家庭代际数量和亲属关系是常见的分类方式，主要有以下几种家庭类型：夫妻家庭，是指只有夫妻二人组成的家庭，包括丁克家庭、空巢家庭及未生育的家庭；核心家庭，是指由父母和未婚子女组成的家庭；主干家庭，是指由两代或两代以上夫妻组成，每代最多不超过一对夫妻而且中间没有断代的家庭；联合家庭，是指家庭中有任何一代含有两对及以上夫妻的家庭；除此之外，还包括单亲家庭、隔代家庭、同性恋家庭、同居家庭、单身家庭等其他家庭类型。

在中国传统社会中，以血缘关系组成的家庭联合大家族是典型的家庭结构特征；但是随着社会转型期，使得中国家庭出现以下变化趋势。一方面，现代化是人口转变最重要的催化剂，父母生育子女数量变少使得家庭规模缩小，家庭关系变得简单。以独生子女家庭为例，独生子女没有兄弟姐妹，其子女没有叔姑舅姨，连襟、妯娌等关系也统统消失了。另一方面，家庭成员数量的减少也使得家庭结构单一化、脆弱化。以独生子女家庭为例，一旦子女成年离家，完整的核心家庭就迅速瓦解成缺损的空巢家庭。[②] 由此来看，在分析家庭结构特征时，家庭规模和家庭成员数量尤为重要，分析家庭结构的变化，其社会经济意义比较大，有助于了解由此产生的社会文化、家庭关系、家庭功能、伦理道德的变化及家庭需求结构、消费特征、供求结构的变化，以及不断增加的老年家庭，造成的养老的社会承受能力。研究家庭规模与家庭结构，分析其带来的社会经济影响具有重要的现实意义。

2.4.1　家庭养老情况

通过作出父母是否健在情况（见表2-8）可以看出，在接受调查的3261

---

① 李银河．家庭结构与家庭关系的变迁——基于兰州的调查分析［J］．甘肃社会科学，2011（1）．

② 杨舸．社会转型视角下的家庭结构和代际居住模式——以上海、浙江、福建的调查为例［J］．人口学刊，2017（2）．

人样本总数中，有 1887 人填写了父母是否健在的信息，有效回答率为 57.87%。其中，父亲和母亲都健在的有 731 人，占填写父母是否健在样本总数的 38.74%；母亲健在父亲去世的有 225 人，占填写样本数的 11.92%；父亲健在母亲去世的有 127 人，占填写样本数的 6.73%；父母都已去世的有 804 人，占填写样本数的 42.77%。从此可以看出，武汉市城市劳动力存在较大的赡养压力。

表 2－8　　父母是否健在情况　　单位：人

父亲健在＼母亲健在	是	否	合计
是	731	127	858
否	225	804	1029
合计	956	931	1887

2.4.2　家庭子女情况

通过作出有无子女情况（见表 2－9）可以看出，在接受调查的 3261 人样本总数中，回答有无子女问题的有 1929 人，占样本总数的 59.15%。其中，有子女的有 1810 人，占回答该问题人数的 93.83%；没有子女的有 119 人，占回答问题人数的 6.2%。有无子女反映了代际关系、家庭观念，也可以了解其抚养、教育支出等开支，具有一定的经济和社会意义。在接受调查的劳动力人口中，绝大部分有子女，据此可估计子女抚养开支与教育费用应为劳动开支的一部分。

表 2－9　　有无子女情况

有无子女	人数（人）	百分比（%）	累计百分比（%）
有	1810	93.83	93.83
没有	119	6.170	100
合计	1929	100	—

2.4.3　家庭兄妹情况

通过作出有无健在兄妹的情况表（见表 2－10），在接受调查的 3261 人中，填写该问题的有 2592 人，占样本总数的 79.48%。其中，家庭中有 1 个兄妹的有 644 人，占填写该问题总人数的 24.85%；家庭中有 2 个兄妹的有 444 人，占填写该问题总人数的 17.13%；家庭中有 3 个兄妹的有 305 人，占回答该问题总人数的 11.77%。表明在接受调查的劳动力人口中，以家中有 1～3 个兄妹为主。结合前文年龄结构分析的结果来看，受传统的“养儿防老”生育观念影响较大，家庭中兄妹个数相对较多，随着计划生育政策的实施，我国传统的大家族出现分化，家庭逐步走向小型化、核心化。

表 2－10　　有无健在兄妹情况

兄妹数量（个）	人数（人）	百分比（%）	累计百分比（%）
0	804	31.02	31.02
1	644	24.85	55.86
2	444	17.13	72.99
3	305	11.77	84.76
4	197	7.600	92.36
5	113	4.360	96.72
6	60	2.310	99.04
7	21	0.810	99.85
8	3	0.120	99.96
9	1	0.0400	100
合计	2592	100	—

2.5　政策建议

2.5.1　加大技术研发的投入，促进可持续发展

加大技术研发投入，促进劳动力的可持续发展。随着人口红利的逐渐消

失，劳动力不足和短缺可能困扰未来经济发展，劳动力的老龄化会影响技术创新和产业创新的活力。因此，政府要不断提高教育投入规模，不断提高劳动力的素质，包括劳动者的文化素养、学习能力、技术水平、熟练程度、身心健康等方面，才能适应转变经济发展方式中对劳动力提出的更高要求。只有促进劳动力素质和生产力的提高，使劳动力的竞争优势从“以价取胜”的非熟练劳动力向“以量取胜”的熟练劳动力转变，从劳动力密集型向技术密集型和知识密集型转变，才能使得各行各业在人口红利消失后保持创新。更加注重教育、技术研发的投入，促进劳动力的可持续发展是转变经济发展方式的基本条件，促进劳动力的可持续发展还能为转变经济发展方式，为新型工业化准备更多、更合格的、适应新的技术需要和新的产业需要的劳动力。

2.5.2 加强人力资本投资，保障就业能力

人力资本即体现在人身上的资本，包括蕴含在劳动者身上的各种生产知识、劳动与管理技能以及健康素质的存量总和。人力资本投资与劳动力就业的关系十分密切，人力资本投资是提高劳动力就业能力的重要措施，必须予以高度重视。21 世纪是一个知识经济时代，为满足新时期下经济增长的要求和高素质劳动力的需求，必须重视对人才的培养和利用，要有效地整合人力资源，以实现人力资本依托型的经济增长方式。我国劳动力结构出现的问题具有一定的复杂性，需要进行系统化的规划，要与各方面的工作相协调，以实现有劳动力资源的合理配置和满足经济结构的可持续发展。解决劳动力就业问题需要长期坚持不懈的努力。结合我国劳动力结构的现状，促进我国人力资本投资水平的提升，可以从这几个方面着手：首先，要大力推广素质教育，做好学校各个阶段的教育工作，以提高我国国民的素质，加强知识技能人力资本投资。培养劳动力的就业和创新能力，以适应激烈的就业竞争环境。其次，要定期开展职业教育培训，以使劳动力更快地适应工作要求，培养出更多综合能力强的实用型人才，从而提高劳动力生产率。最后，要引导劳动力树立科学的职业价值观，培养劳动力良好的职业道德素质。

2.5.3　加快转变经济增长方式，提升发展质量

随着劳动力结构逐渐老龄化，意味着依靠劳动力资源在竞争中的比较优势在逐渐消失。我国传统人口红利下的经济结构突出特点是：第一、第二产业比重较大，第三产业比重太小，而且第二产业内部产业层次低，以劳动密集型产业为主。另外，由于劳动者收入低、国民收入分配结构不合理、社会保障机制不健全等原因，导致消费占 GDP 的比重低。结合劳动力结构和产业状况，首先，要改变由传统依靠投资与出口拉动经济向依靠消费、投资和出口协调拉动转变；其次，要由主要依靠第二产业带动经济发展向依靠第一、第二、第三产业协同带动转变；再次，由主要依靠增加物质消耗为主向主要依靠科技进步、劳动者素质提高、管理创新转变。

党的十九大提出，我国经济已由高速增长阶段转向高质量发展阶段，正处在转变发展方式、优化经济结构、转换增长动力的攻关期。随着我国劳动力老龄化的到来，人口红利逐步消逝，近年来城市出现的“用工荒”警示了劳动密集型产业价格优势逐步丧失，在国际市场上的竞争力逐步下降，所以经济结构战略性调整是加快转变经济发展方式的主攻方向。要提高居民收入在国民收入分配中的比重，提高劳动报酬在初次分配中的比重；统筹推进城乡社会保障体系建设。具体而言，针对需求结构失衡、国内消费需求不足、经济增长过度依赖投资和出口拉动，要改善需求结构；针对生产要素投入结构失衡，经济增长过度依赖劳动、资本、土地和物质资源投入，要优化产业结构；针对区域经济发展不协调，经济布局与资源分布的空间失衡，不同区域产业结构趋同，区域之间人均收入差距扩大、基本公共服务差距悬殊、人口季节性流动规模庞大，要促进区域协调发展；针对城乡发展不协调、土地投入边际效率递减、城乡居民收入差距扩大、农民工进城既不能分享城市化的福祉又形成大量城市流动人口，要推进城镇化建设。

2.5.4　充分发挥“第二人口红利期”的作用

西方经济学家把“人口红利”分作两个时期：第一人口红利期和第二人口

红利期。第一人口红利期就是人口的比例两头轻、中间重，适龄劳动人口众多。整个社会的负担都不重，劳动力充足，并且负担很轻。第二人口红利期恰恰是随着老龄化社会一起到来的。随着大批劳动者开始进入退休年龄，人口会呈现出两个特点：第一是可能人们的退休时间会推后，工作年限会提高；第二是进入老龄生活的人增加，从而刺激资产的增加。因为退休者的养老金将发挥作用，除开政府或家庭为他们的养老提供保障，他们的个人积蓄也将进入投资和消费领域。不管是这些年老者的个人投资放在哪里，都会对经济增长有所贡献。我国目前劳动力呈现老龄化、低生育率状况，所以要抓住机遇，释放“第二人口红利期”的作用，发挥现有劳动力的智力和经验等，使其对工作的技术积累和经验得以充分展现；要根据老年人的消费特点，促进生产，便于退休劳动力的消费。

2.5.5 有序推进“全面二孩”政策

在坚持“计划生育”基本国策的前提下，扎实推进“全面二孩”政策的有序推进，改善家庭结构。20 世纪 80 年代，计划生育缓解了人口过快增长的压力，缓解了人口与经济、社会、资源环境之间的紧张关系，促进了经济的增长和人民生活的改善。但目前人口的形势发生了深刻变化，人们的生育观念改变，少生优生已经成为社会生育观念的主流，人口金字塔下端缩小，生育率持续降低。缓解未来劳动力需求的压力，需要实施好“全面二孩”政策，推进计划生育服务管理改革，引导家庭负责任、有计划地安排生育，调控人口总量、提升人口素质、优化人口结构、引导人口合理分布。同时也要打好“组合拳”，探索建立完善生育支持、幼儿养育等“全面二孩”配套政策，完善生育家庭税收、教育、社会保障、住房等政策，探索对生育二孩的家庭给予更多奖励政策等。一方面，有利于促进家庭幸福和谐和人口长期均衡发展；另一方面，有利于缓解我国目前出生率下降的趋势，保障未来经济的发展拥有足够的劳动力总量。

2.5.6 创新服务管理，加大对计划生育家庭的扶助保障力度

创新计划生育服务管理，要有重点、补短板、强弱项，开拓创新，促进计

划生育事业发展。一是推进相关配套政策创新。要重点围绕与计划生育相关的医疗、婴幼儿托育、基础教育等问题，进一步做好配套政策的衔接和保障，出台鼓励生育措施，通过对生育进行补贴奖励等方式提高生育意愿，同时积极完善配套政策措施、提升孕产医护水平、优化幼儿养育环境。二是推进服务管理方式创新。要创新优生优育服务管理流程、生育登记服务制度、人口信息核查和共享机制，实现各类相关数据互联互通，如准备生育的夫妻可到一方户口所在地或居住地办理登记，免费领取生育服务证，提供计划生育、优生优育、生殖健康的优质服务。三是推进服务资源供给机制创新。要支持医疗卫生、教育优质资源向农村和薄弱地区延伸覆盖，引导和鼓励社会力量举办非营利性、普惠性妇幼服务机构，探索优化办事流程，全面推行网上办理，落实首接责任、一站式服务和承诺制，做好便民服务。四是推进计生家庭发展支持体系创新。要制定二孩生育政策有效实施与用人单位良好运行相结合的政策机制，完善计生家庭特别扶助制度。

进一步完善奖励扶助、特别扶助、少生快富制度，实行奖励扶助标准动态调整。对存在特殊困难的计划生育家庭，加大帮扶力度，妥善解决其生活照料、养老保障、大病治疗和精神慰藉等问题。配合有关部门积极推动调整完善生育产假和配偶陪产假等制度，保障女性就业权益。多举措加大对计划生育家庭的奖励扶助力度。建立完善计划生育特殊家庭联系人制度和信息档案管理制度，形成专干与计划生育特殊家庭结对联系，负责定期掌握信息，及时了解动态，帮助解决困难。做好计划生育奖励扶助政策的宣传和申报工作，落实资金到位情况，优化计划生育家庭扶助资金的使用结构，提供义务教育奖学金、一次性奖学金等门类。落实高考、中考农业人口独生子女升学加分政策。

2.5.7　促进优生优育配套设施的建立与完善

要实现促进人口长期均衡发展、家庭结构合理的目标，除生育政策需调整完善外，还应当研究制定与之相配套的经济、社会和家庭发展的政策，解除群众的后顾之忧，使生育政策更好地发挥作用。要满足群众新的计划生育健康需要，需要卫生和计划生育部门拓展服务人群、转变服务方式、提高服务质量。

健全生育服务管理制度，做好民众生育意愿的跟踪调查，加强人口变动情况调研，科学预测人口变动趋势，建立出生人口的监测和预警机制。建立人口信息数据库和人口健康信息化建设，促进人口计划生育信息的互联互通，加强跨区域管理。完善计划生育的配套设施和管理水平，加强妇幼健康计划生育，推进优生优育服务的全程化，落实孕前检查、孕产期的保健服务和出生缺陷的综合防治，提高新出生人口的素质；向育龄人群提供安全、有效、适宜的避孕节育服务，加强基础研究和科技创新，开发推广避孕节育、优生优育、生殖保健的新技术新产品；重新审视生育审批制度和孕检制度，管理和服务要走向尊重意愿、满足需求、便利群众、积极引导的公平性和可及性。应该鼓励各地根据各自的情况因地制宜，开展多种工作模式。

2.5.8 进一步完善城市的社会保障体系

进一步完善城市的社会保障体系，制定合理的工资政策，促进城乡劳动力享有平等的待遇，使二者的劳动成果都得到尊重，完善法律法规以保障劳动者的合法权益不受侵害。当前，城市发展需求的劳动力很大部分来自农村，外来劳动力资源流动性较大、工作单位不固定，因为自身受教育水平、技术水平与就业机会的限制，来自农村的劳动力往往从事简单的、人力的工作，他们在供给城市劳动力缺口的作用和与户籍劳动力的互补性容易被忽视。来自农村的劳动力在降低用工成本、增加基础设施建设和环卫建设等部门作出了较大贡献。城市应该重视这部分劳动力的社会保障问题，保障就业劳动力享受基本的社会保障。这有利于营造良好的人力资源流动和配置的环境，便于城市的劳动力集聚。一方面有利于改善外来劳动力的生活环境，缓解城乡差距矛盾；另一方面有利于满足城市用工需求。

政府应提供必要的公共服务以满足劳动力人口的基本需求，努力促进公共服务均等化，如加大对外来劳动力的就业培训，尽可能地提升人力资本，让其在城市经济发展中发挥更强有力的作用；加大教育支出，使外来劳动力的子女在城市也能享受到平等的教育机会；同时要加大医疗服务支出，使外来劳动力也能享有便利的就医环境，缓解“看病难、看病贵”的问题。公共服务的均等化有赖于政府的引导和支持，政府需要转变观念，由管理者转向服务者，制定促进公共服务均等化的政策，利于形成公平的劳动力市场，既能满足城市发展的劳动力需求，又能促进劳动力的充分就业。

2.5.9　完善职工基本养老保险制度

党的十九大召开后，职工基本养老保险继续成为社会各界关注的焦点，城镇职工基本养老保险制度自 20 世纪 50 年代建立后至今取得了巨大的成就，但仍存在着养老保险基金统筹层次低、碎片化严重，以及功能定位不合理等一系列问题。考虑到我国人口老龄化、劳动力市场的萎缩、养老保险基金收不抵支等现实问题，改革我国养老保险制度刻不容缓。首先，必须提高基本养老保险的统筹层次，有助于养老保险基金的保值增值，发挥规模效应的作用，为养老保险基金实现“开源”，促进劳动力的跨地区流动。其次，提高企业基本养老保险的覆盖范围。一方面，国家要在政策方面对养老保险进行扶持，对中小企业进行一定的补助，提升企业基本养老保险覆盖率；另一方面，政府增大劳动保障监管机制，要求企业依法按照国家规定为员工缴纳基本养老金，对未缴纳养老保险的企业进行一定的处罚。最后，抓准保险金的功能定位，健全养老保险基金管理的政策，保证各地严格执行养老保险规章制度，对不能严格执行养老保险规章制度的单位或地方追责，建立处罚机制。同时，通过全社会的努力拓展养老保险基金的投资渠道，让多个渠道的资金盘活养老保险基金，鼓励实现多元化投保策略，使社会各界更加重视养老保险基金，更加愿意投资养老保险基金，提高企业养老保险基金的回报率。

2.6　小　　结

通过上述年龄分布、婚姻状况、户籍状况、家庭特征四个方面的分析，对武汉市劳动力的人口特征有了一定的了解。在接受调查的劳动力人口样本中，人口年龄结构呈现“两头小、中间大”的特征，说明武汉市劳动力人口年龄结构较年轻，社会负担较低，处于“人口红利”的黄金时期。但是目前呈现“底部收缩”的状态，从未来趋势来看，未来进入劳动年龄阶段的人口将减少，随着劳动力老龄化速度的逐步加快，劳动力总体供给压力不断增强。

婚姻状况方面，有配偶的劳动力人口占 80.58%，说明婚姻状况比较稳定，婚姻结构较为理想。但是在婚姻状况整体稳定的同时，未婚、离婚和丧偶等也存在隐藏影响家庭和社会稳定的因素，尤其是还有许多年轻劳动力面临着结婚的压力，“剩男”“剩女”的问题依旧存在，对劳动力就业和社会稳定会产生一定的影响。而且丧偶的劳动力，集中在 60 岁以上，缺少可靠的收入来源，而且在丧偶的 85 名女性中有 6 位无子女，这说明丧偶的不幸会带来一些社会问题。

户籍状况方面，武汉市城市劳动力人口以非农户口为主，占样本总数的近三成，而且年龄段集中在 21 ~ 55 岁，结构比较年轻，正值年轻力壮，而且多从事劳动密集型产业和服务业，主要分布在批发与零售服务业、住宿和餐饮服务行业、建筑施工行业、交通运输、仓储和邮政业服务行业、居民服务行业这几个行业。劳动力流动来源上，主要来自本省其他地区，以省内流动为主，可以看出劳动力自主流动的范围受限，一定程度上受户籍制度构成二元经济结构影响，它通过显性或隐性的限制方式为城乡居民提供差异化的公共服务与社会福利，进而影响到农村劳动力的流动决策。

家庭特征方面，带有一定以血缘关系组成的联合家庭的典型结构特征，但是随着社会转型，也出现了许多变化。在家庭规模方面，父母均健在和均已故的都占有一定的比例；家庭姊妹以 1 ~ 3 个为主，一定程度上受传统“养儿防老”生育观念的影响；子女数量上，绝大多数家庭有子女，某种程度上承担抚养责任，抚养和教育开支影响其家庭消费结构。结合第一部分年龄结构来看，接受调查的劳动力人口样本多为中年劳动力，在养老和抚养子女方面具有一定的压力。

第3章　劳动力的人力资本状况

人力资本状况反映了劳动力的整体素质，是社会、企业、个人以各种不同形式对劳动力进行持续投入的结果，包括教育程度、工作技能的提高、接受培训状况、身体素质的提升等多个方面。

3.1　教育程度

3.1.1　教育整体状况

城市劳动力的教育程度主要反映在文化水平上。在对武汉地区城市劳动力的3261份个人问卷中，关于学历教育的调查中，共有2700人予以响应和反馈（3261人中，扣除了78名未入幼儿园而统计为“未上过学”的幼儿，以及正接受全日制在校教育的学生483人）。其中“博士”“硕士”“本科”“专科”“高职”“中职”“高中”“初中”“小学”“幼儿园”“未上过学”等学历或教育经历的人数分别为16人、46人、406人、351人、14人、257人、561人、777人、191人、1人、80人，如图3－1所示。由此可以看出，武汉城市劳动力的教育程度总体上还是以“初中”“高中”为主，分别占问卷中对教育程度问题响应总数的28.78%、20.78%，二者之和为49.56%，趋近于总人数的一半；大学本专科教育占比相对较高，其中“本科”“专科”分别占教育程度响应总数的15.04%、13.00%；另外，中职教育在20世纪90年代前后乃至当前都较受重视，其人数占比也较高，为 9.52%。同时，根问卷数据的分布，属于精英教育的硕博士学历拥有者相对较少，问卷中分别占比为硕士 1.70%、博士 0.59%。一个值得注意的现象是，受访劳动力个体中，只有“小学”教育经历甚至“未上过学”的人数并不算少，分别占问卷相应人数的 7.07%、3.00%。

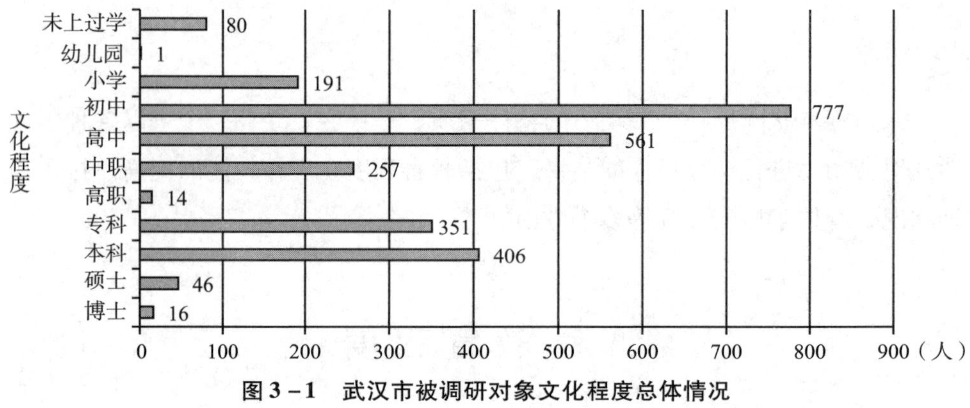

图 3-1　武汉市被调研对象文化程度总体情况

注：①文化程度用学历水平来表示；②学历水平总体情况不包含当前全日制在校教育情况；③本图统计的总人数中，不包含登记为“未上过学”6 岁以下的幼儿。④“中职”包括职业高中、中专以及技校三种教育经历。

在被调查对象中，正接受全日制在校教育的状况如图 3-2 所示。在校接受全日制教育的483 人中，正处于“博士”“硕士”“本科”“专科”“高职”“中职”“高中”“初中”“小学”“幼儿园”教育阶段的人数分别为 5 人、5 人、72 人、17 人、1 人、11 人、69 人、62 人、146 人、95 人，占比分别为 1.04%、1.04%、14.91%、3.52%、0.21%、2.28%、14.29%、12.84%、30.23%、19.64%。显然，仅从抽样问卷的情况来看，当前武汉市受访居民的在校教育以幼儿园学前教育（19.64%）、小学初中的九年义务教育（43.07%）、高中的中等教育（14.29%）及大学本科的高等教育（14.91%）为主，职业教育（2.49%）与高等教育中的硕博精英教育（2.08%）占比相对较低。

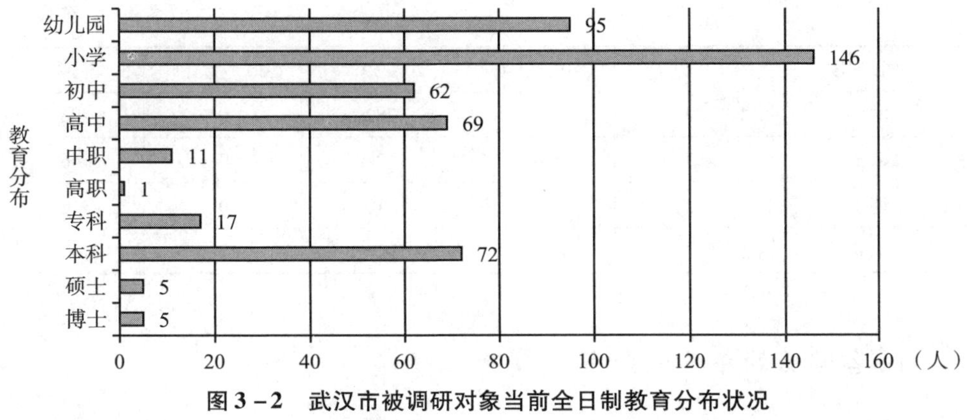

图 3－2　武汉市被调研对象当前全日制教育分布状况

总体而言，根据问卷调查的反馈结果分析，武汉劳动力的教育程度以初高中为主，大中专其次，而教育程度较低现象也较为突出。形成这种现象的原因比较复杂，既有社会经济层面的影响因素，也有体制等方面的原因。

3.1.2　教育状况的年龄差异

由于教育制度的时代变迁，以及社会经济环境与条件的显著差异，不同年龄层次群体的受教育经历及最终学历也有明显差别。本次对武汉市劳动力的入户调查也表明了这一点，如表 3－1 所示。

表 3－1　　武汉市被调研对象教育程度的年龄差异　　单位：人

教育程度	60 岁以上	40～59 岁	20～39 岁	20 岁以下	汇总
未上过学	66	13	1	0	80
小学	81	90	20	0	191
初中	174	397	202	4	777
高中	83	336	140	3	562
中职	41	75	136	5	257
高职	4	4	6	0	14
专科	46	102	203	0	351

续表

教育程度	60 岁以上	40～59 岁	20～39 岁	20 岁以下	汇总
本科	29	95	282	0	406
硕士	3	14	29	0	46
博士	0	6	10	0	16
汇总	527	1132	1029	12	2700

1. 各学历的年龄段分布

对表 3－1 每一学历的横向年龄段结构分布进行统计，分析如图 3－3 所示。

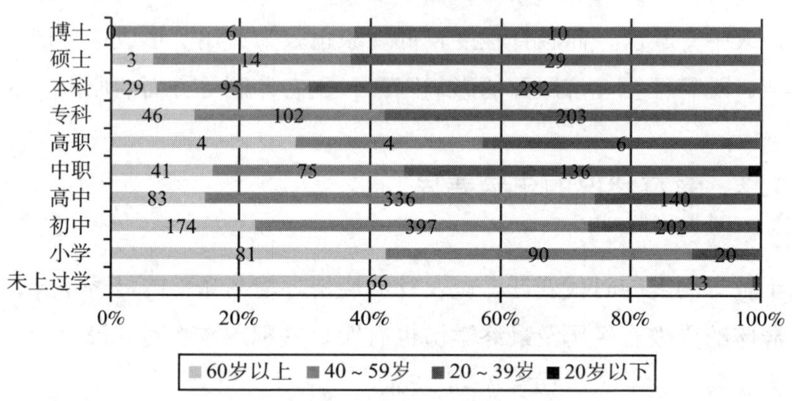

图 3－3　武汉市被调研对象学历分布状况（单位：人）

在“未上过学”的经历中，呈现出受访群体年龄大小与其占比大小正相关的关系，即年龄越大；“未上过学”的占比越大；反之越小。如“60 岁以上”老龄群体占“未上过学”的比重为 82.50%，而“20 岁以下”则为零。

在“小学”文化程度上，“60 岁以上”“40～59 岁”两个年龄段群体是主体，二者占比之和为 89.53%；而“20～39 岁”“20 岁以下”的年轻化群体占比明显偏低。

在“初中”文化程度上，“60 岁以上”“40～59 岁”“20～39 岁”三个年龄段群体是主体，三者占比之和达 99.99%，其中以“40～59 岁”年龄段群体占比最大，为 51.09%，占一半以上。

在“高中”文化程度的年龄结构上，与“初中”情况较为相似，在此不再赘述。

在职业教育的文化程度上，包括“中职”与“高职”两类，明显以“40～59 岁”“20～39 岁”两个年龄段的群体为主，如他们在“中职”的占比之和达 82.10%，在“高职”则为 71.43%。与之相反，“60 岁以上”的老龄群体与“20 岁以下”的年轻群体占比开始明显下降。

在大学专本科文化程度上，“40～59 岁”“20～39 岁”两个年龄段的群体占比进一步提高。其中，在“专科”文化程度上，两类群体占比为 86.89%；在“本科”文化程度上，则上升到 92.86%。

在属于精英教育的硕博士文化程度上，这种趋势进一步强化。如拥有“硕士”文化程度的群体中，“40～59 岁”“20～39 岁”年龄段占比共 93.48%；“博士”文化程度的群体全部集中在这两个年龄段。

从上面的分析不难发现，在相对较低文化程度乃至“未上过学”的分布上，年龄较大的群体占比较高，年龄小的群体占比较低；随着文化程度的上升，高年龄群体占比越来越低，相对较低年龄群体占比则越来越高。这反映出，武汉市劳动力的老龄化群体的文化程度总体偏低，而年轻化群体的文化程度则总体较高。

2. 各年龄段的学历分布

同样地，对表 3－1 进行纵向年龄段的学历结构统计发现，不同年龄段之间的差异也是十分明显的。

如图 3－4 所示，在“60 岁以上”年龄群体中，学历结构中占比排在前四位的分别是“初中”（33.02%）、“高中”（15.75%）、“小学”（15.37%）与“未上过学”（12.52%）；排在后四位的则是“专科”（8.73%）、“本科”（5.50%）、“硕士”（0.57%）与“博士”（0）。这说明，“60 岁以上”年龄群体在群体内部的文化程度整体也偏低。

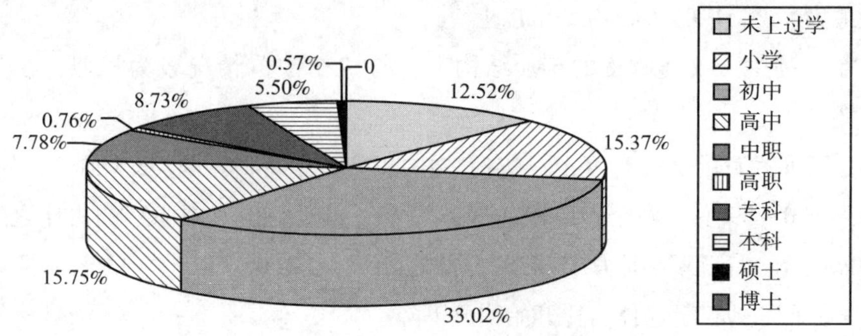

图3-4　武汉市"60岁以上"年龄群体的学历结构

在图3-5中，"40~59岁"年龄群体的学历结构相对于"60岁以上"年龄群体有着明显的变化。"初中""高中"学历占比分别上升到35.07%、29.68%，"硕士""博士"学历占比分别提高到1.24%、0.53%；而"未上过学""小学"则显著下降为1.15%、7.95%。这反映出，相较于"60岁以上"年龄群体，"40~59岁"年龄群体整体的文化程度在提升。

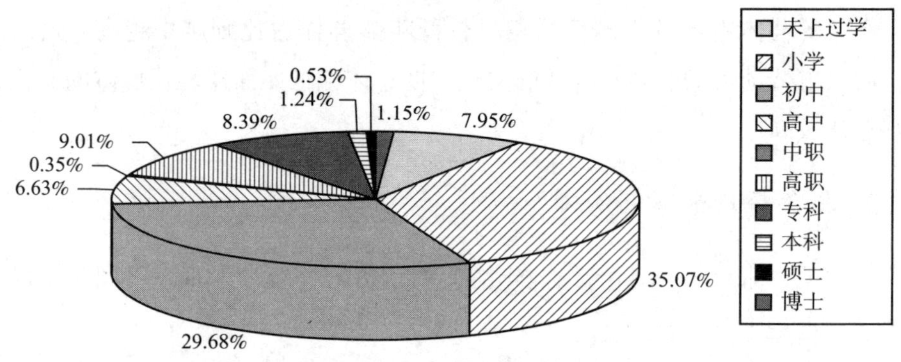

图3-5　武汉市"40~59岁"年龄群体的学历结构

同样的变化也发生在"20~39岁"年龄群体上。图3-6显示，相较于"60岁以上"与"40~59岁"年龄群体，在学历结构上，"20~39岁"年龄群体上在"未上过学""小学""初中"乃至"高中"学历上普遍大幅下降，分别为0.09%、1.94%、19.63%与13.61%；而在高等教育"专科""本科""硕士"与"博士"学历上，则普遍大幅上升，分别为19.73%、27.41%、

2.82% 与 0.97%。

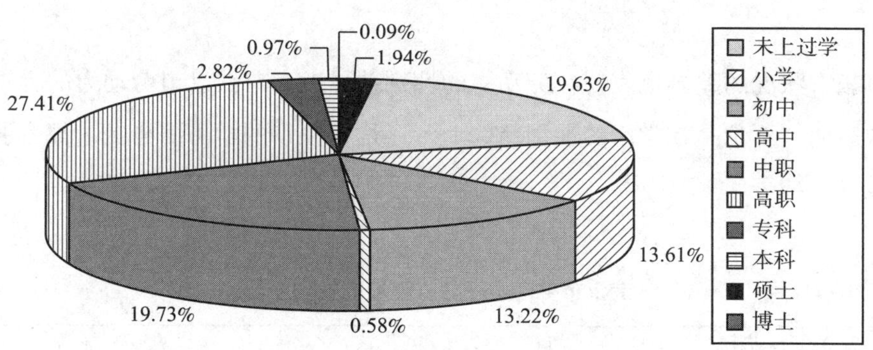

图 3－6　武汉市“20～39 岁”年龄群体的学历结构

而由于年龄偏小的原因，“20 岁以下”的群体相当部分正处于全日制学习教育阶段，故出现最终文化程度为高等教育学历的占比为零的现象。处于这一年龄段已不在校接受教育的，其学历主要集中于“初中”“高中”以及“中职”上，分别占比 33.33%、25.00%、41.67%，如图 3－7 所示。

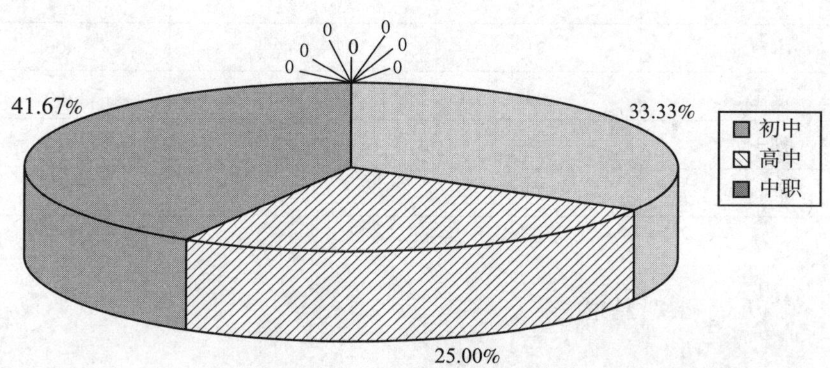

图 3－7　武汉市“20 岁以下”年龄群体的学历结构

从上面的分析来看，各年龄段的学历分布总体表现为：高年龄段中，主要以低学历层次为主；中低年龄段中，主要以相对较高与高学历为主。这反映出，随着年龄由大到小的变化，群体的文化程度在逐步提高。这一点，与基于各学历的年龄层次分布的结论是一致的。

3.1.3 教育状况的性别差异

教育状况的差异也表现在劳动力的性别差异上。对武汉市劳动力的入户调查也表明，不论是在学历的性别结构上，还是在性别的学历结构上，都有明显的差异，如表3-2所示。

表3-2 武汉市劳动力受教育程度的性别差异 单位：人

教育状况	男	女	汇总
未上过学	35	45	80
小学	75	116	191
初中	395	382	777
高中	296	266	562
中职	124	133	257
高职	7	7	14
专科	195	156	351
本科	219	187	406
硕士	32	14	46
博士	11	5	16
汇总	1389	1311	2700

1. 学历的性别结构

由图3-8可以看出，随着学历层次的提高，男女性别差异越来越明显。具体而言：

在较低的学历层次上，女性占的比重明显偏高。如在“未上过学”“小学”等教育经历或学历上，女性占比分别为56.25%、60.73%，都高于男性6%~10%。

而在中学或中高等职业教育方面，女性所占的比重与男性差异不大。如

“初中”“高中”“中职”“高职”学历上，女性占比分别为 49.16%、47.33%、51.75%、50%，与男性相比上下浮动差异仅为 1%～2%。

而在大学本专科学历上，女性占比则开始出现明显下降，低于男性所占比例。如在“专科”“本科”学历上，女性占比分别为 44.44%、46.06%。

在硕博士精英教育阶段，女性占比与男性差距明显。如在“硕士”“博士”学历上，女性占比分别为 30.43%、31.25%，低于男性近 40 个百分点，差距很大。

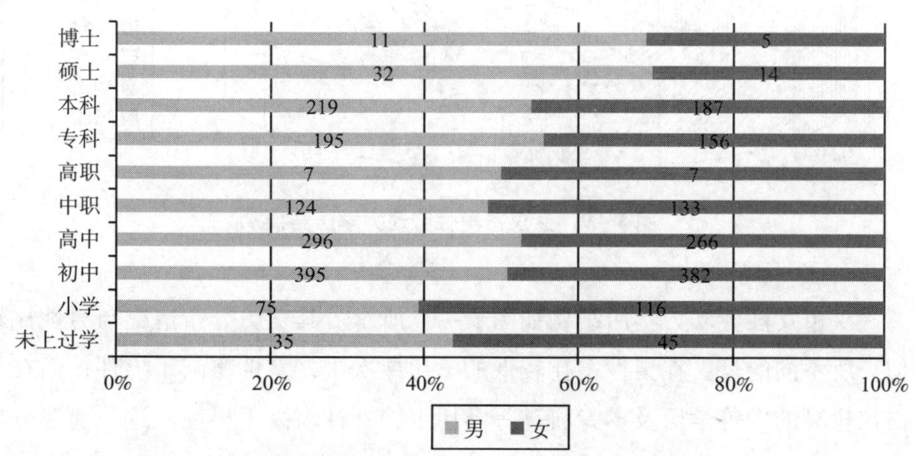

图 3－8　武汉市劳动力教育状况的性别结构（单位：人）

上述分析表明，在武汉市劳动力的学历上，低学历中，女性占比明显高于男性；在中等教育中，男女差距不大；在专本科教育中，女性占比略低于男性；而在硕博士教育学历上，男性占比明显高于女性。这说明，从总体上来说，在教育状况的性别差异上，男性的教育水平高于女性。

2. 分性别的学历结构

就同一性别而言，女性与男性的学历结构也有不小的差别。

如图 3－9 所示，武汉市男性劳动力的学历分布中，占比排在前四名的分别是“初中”（28.44%）、“高中”（21.31%）、“本科”（15.77%）、“专科”（14.04%）；而排名比较靠后的则分别为“未上过学”（2.52%）、“小学”

（5.40%）、“高职”（0.50%）、“硕士”（2.30%）、“博士”（0.79%）。从这种分布可以看出，武汉市男性劳动力的教育状况整体集中在中等教育与高等教育的本专科阶段；而低学历或硕博等高学历的占比比较低。

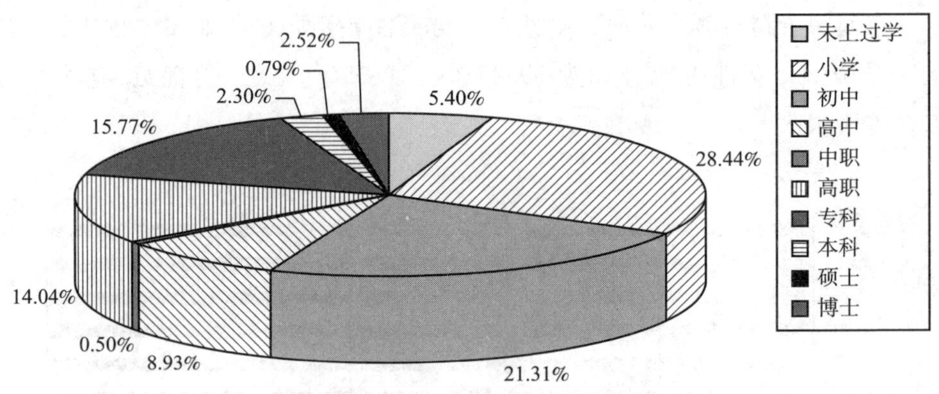

图3－9　武汉市男性劳动力学历结构

武汉市女性劳动力学历结构如图3－10所示。其学历分布情况与男性比较相似，所不同的是，在男性占比较低的学历层次中，女性略高于男性；而在男性占比较高的中等学历及本专科高等学历上，女性略高于男性。这与前述分析是一致的。

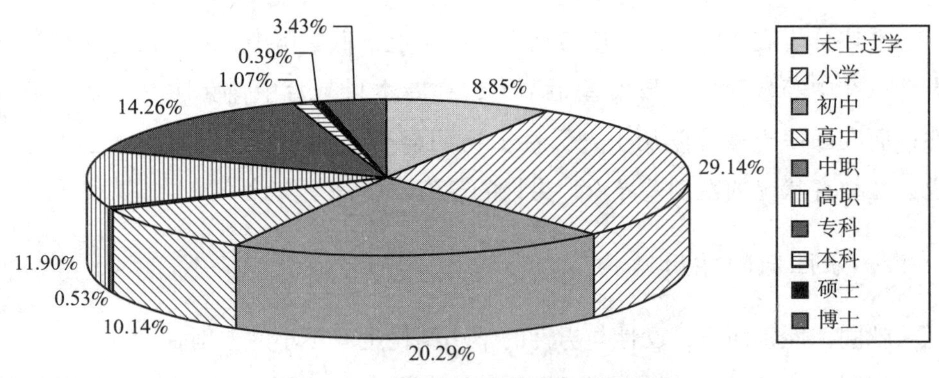

图3－10　武汉市女性劳动力学历结构

3.2　工作技能

工作技能是劳动力人力资本的重要内容，直接与就业、收入等密切相关。在对武汉市劳动力的入户调查中，主要关注了阅读能力、操作能力、外语能力及信息化水平等方面的发展现状；同时，也对工作岗位对劳动力的工作技能要求进行了分析。在此基础上，评价劳动力工作技能与工作岗位的匹配程度。

3.2.1　工作技能的整体状况

1. 阅读能力

阅读能力是劳动力最为基础的能力，“阅读表格”“阅读账表”“阅读说明书或操作手册”这三种基本能力与其工作岗位密切相关。如图 3 – 11 所示，对“阅读说明书或操作手册”能力进行响应的受访劳动力中，80.20% 的劳动力表示“能”，为最高；“阅读表格”其次，为 62.04%；最低的是“阅读账表”，仅为 47.32%，不到调查响应劳动力总量的一半。这可能与阅读对专业素养的要求不一样有关，“阅读账表”对财会素养、数据把握能力要求更高，

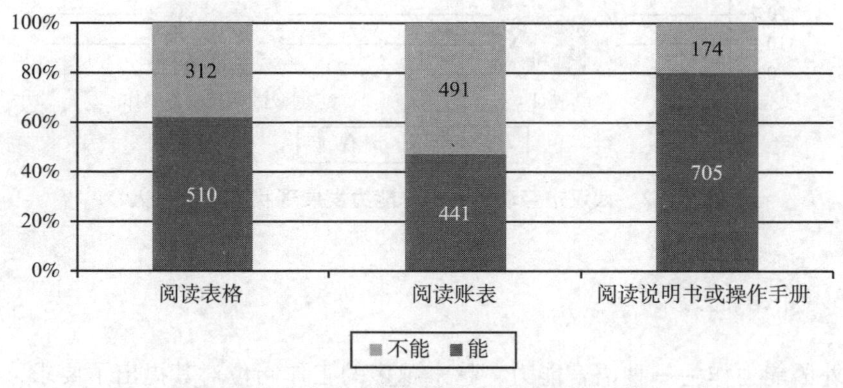

图 3 – 11　武汉市劳动力的阅读能力发展现状（单位：人）

要求有较强的专业背景或较深的工作阅历。以这三种能力为代表，汇总各种能力上选择“能”的人数以及受访响应总人数，武汉市劳动力阅读能力水平约为62.89%。

2. 操作能力

操作能力也是劳动力在工作中的基本能力，是按照一定的规范和要领进行操纵动作的工作技能。对武汉市劳动力的操作能力主要从驾驶操作、机器设备操作等方面进行调查。

如图3－12所示，用“是否有驾驶证”来表示劳动力的驾驶操作能力。调研数据表明，有驾驶操作能力的人数占此项能力调研响应人数的31.65%，接近1/3。而对于“能否操作和使用重型机器或工业设备”，调研显示，拥有这项能力的人数占比明显偏低，仅为5.85%，这与其专业性要求更高有关。总体来说，以这两项能力来衡量的武汉市劳动力操作能力水平约为21.05%。

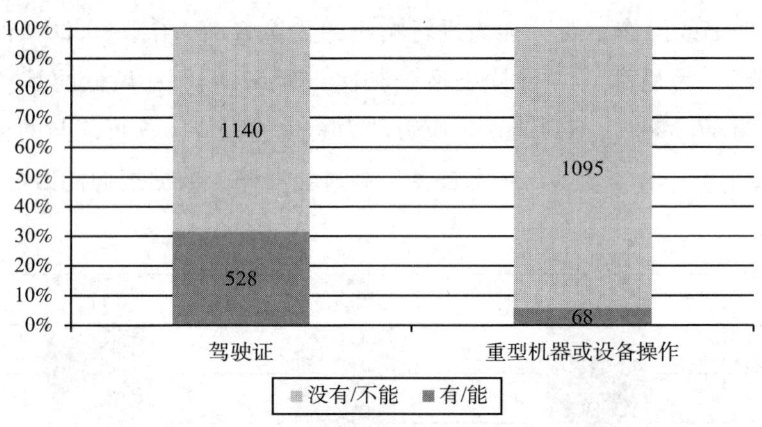

图3－12　武汉市劳动力的操作能力发展现状（单位：人）

3. 外语能力

外语能力作为一种语言能力，越来越多的工作岗位对其提出了要求，拥有这项能力的劳动力也更受就业市场青睐。

从调研的实际情况来看，如图3－13所示，“通过”英语资格考试的劳动力比例不高，仅占受访且对本项能力调研作出响应总人数的14.89%。这与英语语言的专门素养以及系统性学习特点有关。

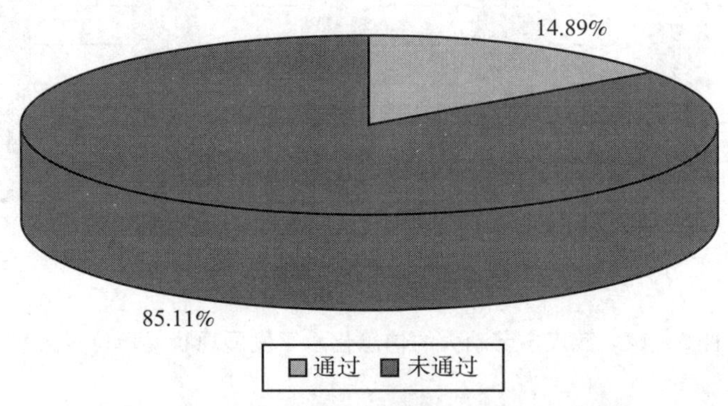

图3－13　武汉市劳动力的外语能力发展现状

4. 信息化水平

随着信息技术的快速发展以及互联网的逐渐普及，其向人们生产生活过程的渗透越来越深入，改变了生产消费的方式。作为信息化时代的客观要求，劳动力信息化水平的提升成为必然，这成为劳动力适应当前工作岗位所必须掌握、必不可少的工作技能，如使用电脑进行电子邮件的发送、数据录入、文字处理、电子表格的制作等。

如图3－14所示，用“电脑使用”表示信息化水平的硬件使用能力，用“电子邮件”“数据录入”“文字处理”“电子制表”表示信息化水平的软件应用能力。根据调研采集的统计数据，具备“电脑使用”能力的劳动力占受访响应总人数的45.64%；在软件应用上，具备“电子邮件”“数据录入”“文字处理”“电子制表”等方面能力的相应比率分别为80.23%、47.16%、53.37%、47.54%。比较之下，具备“电子邮件”使用能力的占比最高，其余几项均在45%以上。综合来看，具备上述各项能力的劳动力总量为2405人，受访响应总量为4495人，武汉市劳动力信息化水平达53.50%。

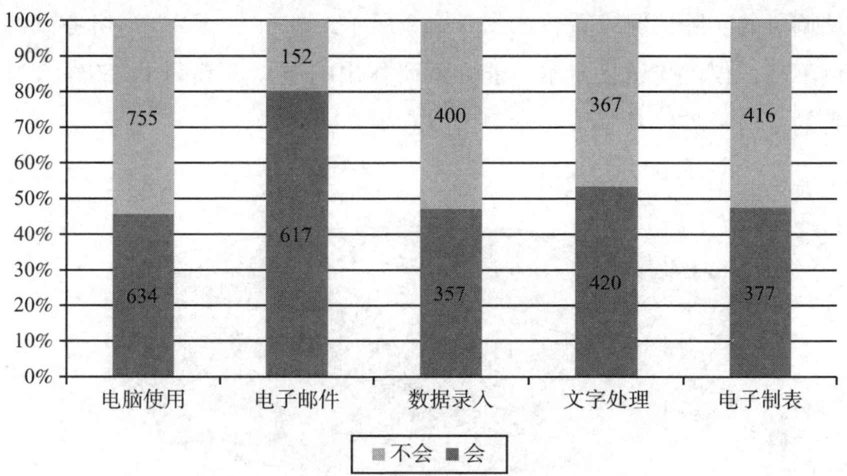

图 3－14　武汉市劳动力的信息化水平发展现状（单位：人）

5. 各项能力的综合比较

综合以上四个方面能力的分析发现，武汉市劳动力的工作技能总体水平分布情况如表 3－3 及图 3－15 所示。

表 3－3　　武汉市劳动力的各项工作技能分布

指标	阅读能力	操作能力	外语能力	信息化水平
具备能力的劳动力总量（人）	1656	596	285	2405
不具备能力的劳动力总量（人）	977	2235	1630	2090
响应总量（人）	2633	2831	1915	4495
能力水平（%）	62.89	21.05	14.89	53.50

在阅读能力、操作能力、外语能力、信息化水平四项能力中，能力水平最高的是阅读能力（62.89%），其次是信息化水平（53.5%），最低的则是外语能力（14.89%）。这反映出武汉市劳动力工作技能水平的结构性差异。这种差异有其客观的原因，从能力范畴来看，如阅读能力、电脑操作能力是各类工作岗位最基础的能力，而外语能力具有较高的专业性，致使各能力存在发展水平差异；从工作技能的形成过程来说，外语能力的形成过程更具持久性，难度

相对较大，其他能力相对容易；从工作技能培养的环境与条件来看，各种媒介尤其是电子媒体的迅速普及，为劳动力信息化水平的提升、阅读习惯的形成提供了十分便利的条件。

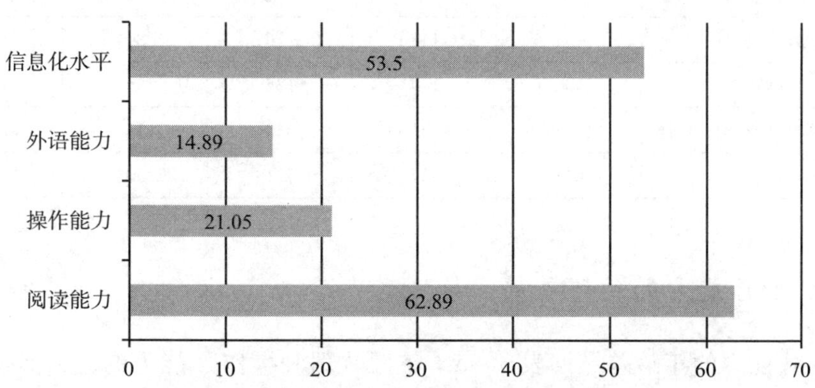

图 3－15　武汉市劳动力的各项工作技能水平比较（单位：%）

3.2.2　工作技能的年龄差异

不同年龄段的劳动力基于学习能力、学习条件乃至学历等方面的差异，在各类工作技能上往往存在着较为明显的差异。对武汉市劳动力的入户调研也表明了这一点，对具备相应能力的劳动力的年龄结构分析如下。

1. 阅读能力的年龄差异

表 3－4 表明，从“阅读表格”“阅读账表”“阅读说明书或操作手册”三种能力的总体把握来看，“16～30 岁”“30～45 岁”“45～60 岁”三个年龄段的劳动力群体占大多数，分别为 448 人、437 人与 521 人，占受访响应总量的 27.05%、26.21% 与 31.46%，三者之和为 84.32%；而“60 岁以上”的劳动力占比仅为 15.68%。从具备特定能力的总量来看，“阅读说明书或操作手册”明显占优，为 705 人，占比 42.57%；“阅读表格”其次，为 30.80%；占比最低的是“阅读账表”，为 26.63%。分析总体表明，对于与工作相关的阅读这项基本能力，中青年劳动力把握相对更好，这既与前述其文化程度不低有关，

也与其工作经历相对较长密切相连；而老年劳动力这项能力整体偏弱。

表 3－4　　阅读能力的年龄差异　　单位：人

阅读能力	16～30岁	30～45岁	45～60岁	60岁以上	汇总
阅读表格	155	118	156	81	510
阅读账表	106	144	135	56	441
阅读说明书或操作手册	187	175	230	113	705
汇总	448	437	521	250	1656

2. 操作能力的年龄差异

操作能力的年龄差异见表 3－5。掌握“驾驶操作”能力的总人数明显高于“重型机器或设备操作”，前者占受访响应总人次的 88.59%，后者仅为 11.41%。这可能由于驾驶技能已成为现代社会生产生活方式所必需的一项基本技能，人们普遍比较注重这项能力的培养；另外，“重型机器或设备操作”能力更强调专业性，且限于特定行业领域的特定职位，应用面相对较窄。从年龄分布来看，掌握“驾驶操作”能力的劳动力群体中，“60岁以上”年龄层次群体明显偏低，仅为 4.17%；“重型机器或设备操作”则相反，中老年劳动力占比较大，而“16～30岁”的年轻劳动力群体占比仅为 8.82%。从分析可以看出，对于类似驾驶能力这种一般技能，年龄偏轻的劳动力群体更有优势；而对于需要工作积累特定操作经验的技能，则年龄层次偏高的劳动力更有优势。

表 3－5　　操作能力的年龄差异　　单位：人

操作能力	16～30岁	30～45岁	45～60岁	60岁以上	汇总
驾驶操作	125	253	128	22	528
重型机器或设备操作	6	17	33	12	68
汇总	131	270	161	34	596

3. 外语能力的年龄差异

在外语能力的把握上，年龄偏轻的劳动力具有明显的优势。如表 3 – 6 所示，获取外语资格证书、拥有外语能力的劳动力群体中，“16 ~ 30 岁”“30 ~ 45 岁”等年龄层次偏低的劳动力占比分别为 41. 40%、51. 23%，二者之和占比 92. 63%；而“45 ~ 60 岁”年龄层次相对偏高的劳动力群体仅占 7. 37%，“60 岁以上”的甚至为 0。这表明，掌握外语能力的劳动力群体总体年轻化，老年劳动力在这项技能上并无明显优势。

表 3 – 6　外语能力的年龄差异　单位：人

外语能力	16 ~ 30 岁	30 ~ 45 岁	45 ~ 60 岁	60 岁以上	汇总
外语能力	118	146	21	0	285

4. 信息化水平的年龄差异

劳动力的信息化水平分布如表 3 – 7 所示，在相关能力的掌握上存在明显差异。从年龄分布来看，掌握“电脑使用”“电子邮件”“数据录入”“文字处理”“电子制表”等工作技能的年龄层次主要集中在“16 ~ 30 岁”“30 ~ 45 岁”两个年龄段，总人数分别为 871 人、894 人，占受访响应总人数的比例为 36. 22%、37. 17%，二者之和超过 70%；而“45 ~ 60 岁”“60 岁以上”两个偏高年龄段劳动力群体占比明显偏低，二者之和不到 30%。从单一能力的年龄分布上看，与这种总体情形基本保持一致。

同时，从劳动力掌握的不同类型信息化能力的分布上分析发现，对于“电脑使用”“电子邮件”等能力的把握占大多数，都在 600 人以上，占比之和超过 50%；而对于其他能力的掌握，则明显比较低，均维持在 15% 左右。这可能是由于前二者的能力更为一般化，而后三者则相对更为专业、强调行业或职业背景。

信息化水平的年龄差异分析表明，年龄层次偏低的劳动力群体对信息化相关技能的把握相对更好。

表 3－7　信息化水平的年龄差异　单位：人

信息化水平	16～30 岁	30～45 岁	45～60 岁	60 岁以上	汇总
电脑使用	195	225	169	45	634
电子邮件	216	242	132	27	617
数据录入	134	133	75	15	357
文字处理	172	151	82	15	420
电子制表	154	143	67	13	377
汇总	871	894	525	115	2405

综合以上四项工作技能的年龄分布情况来看，得到基本结论如下：从技能掌握的总人数规模来看，相对于具有特定行业背景而更为专业的工作技能而言，具有社会经济广泛适用性的一般工作技能，劳动力的掌握总人数更多；从年龄分布来看，年龄层次中年轻化劳动力群体掌握工作技能的情况明显好于年龄偏高的劳动力群体。

3.2.3　工作技能的性别差异

武汉市劳动力各项工作技能的差异也体现在性别上，基于入户调研，这些差异具体如下。

1. 阅读能力的性别差异

从调研所统计的数据来看，如表 3－8 所示，武汉市劳动力的阅读能力在性别上的差异不如前述在年龄段上的差异那么显著。从分项能力来看，在“阅读表格”“阅读账表”两项能力上，女性略强于男性，分别超出男性 13.34%、7.94%；而在“阅读说明书或操作说明”能力方面，女性则明显强于男性，超出 19.44%。总体而言，在阅读能力上，女性总体占比 57.25%，男性则为 42.75%，女性在这方面的能力要强于男性。这与劳动力的性别特征不无关系。

表 3－8　　阅读能力的性别差异　　单位：人

阅读能力	男	女	汇总
阅读表格	221	289	510
阅读账表	203	238	441
阅读说明书或操作说明	284	421	705
汇总	708	948	1656

2. 操作能力的性别差异

在武汉市劳动力的操作能力上，性别差异则与在阅读能力上的性别差刚好相反。如表 3－9 所示，在分项能力上，“驾驶操作”方面男性明显强于女性，超出女性 26.52%；这种差异在“重型机器或设备操作”上更为明显，具备这种能力的男性高于女性 64.7%。综合来看，操作能力比阅读能力上的性别差异（反向）强度更大，男性对操作能力的掌握占比 65.44%，女性为 34.56%。这说明在工作岗位的操作环节，尤其是重型机器或工业设备的操作上，男性处于优势。

表 3－9　　操作能力的性别差异　　单位：人

操作能力	男	女	汇总
驾驶操作	334	194	528
重型机器或设备操作	56	12	68
汇总	390	206	596

3. 外语能力的性别差异

在语言能力上，则出现劳动力性别分布比较均衡的现象。如表 3－10 所示，在掌握外语这项能力的人数上，男女均为 140 人左右，差别十分微小。这种情况与女性语言能力更强的一般预期不一致。

表 3-10　　外语能力的性别差异　　单位：人

语言能力	男	女	汇总
外语能力	144	141	285

4. 信息化水平的性别分布

由于信息技术的快速发展与对生产消费活动的渗透，劳动力自身和企业都十分注重劳动力对基本信息技术的学习与应用能力的提升。这已成为现代社会的一项基本技能和入职的门槛。从对武汉市劳动力的入户调研中可以发现，对信息化手段的应用，年龄层次中的年轻化劳动力是主流群体，其性别差异不显著。如表 3-11 所示，从分项能力上看，武汉市不同性别劳动力在“电脑使用”“数据录入”“文字处理”“电子制表”等能力上，女性略微强于男性；在“电子邮件”上二者持平。从信息技术掌握与应用能力总体上看，女性占比 51.52%，男性为 48.48%，性别差异十分微小。

表 3-11　　信息化水平的性别差异　　单位：人

信息化水平	男	女	汇总
电脑使用	312	322	634
电子邮件	309	308	617
数据录入	172	185	357
文字处理	197	223	420
电子制表	176	201	377
汇总	1166	1239	2405

5. 各项工作技能的性别差异综合

从上面的分析中可以发现，如表 3-12、图 3-16 所示，在四项工作技能的性别差异上，“信息化水平”与“外语能力”的差异并不明显；而在“操作能力”上，男性明显强于女性；在“阅读能力”上，女性则强于男性。综合四项能力来看，武汉市劳动力的工作技能在性别上的差异很小。

表 3-12　　各工作技能的性别差异　　单位：人

工作技能	男	女	汇总
阅读能力	708	948	1656
操作能力	390	206	596
外语能力	144	141	285
信息化水平	1166	1239	2405
汇总	2408	2534	4942

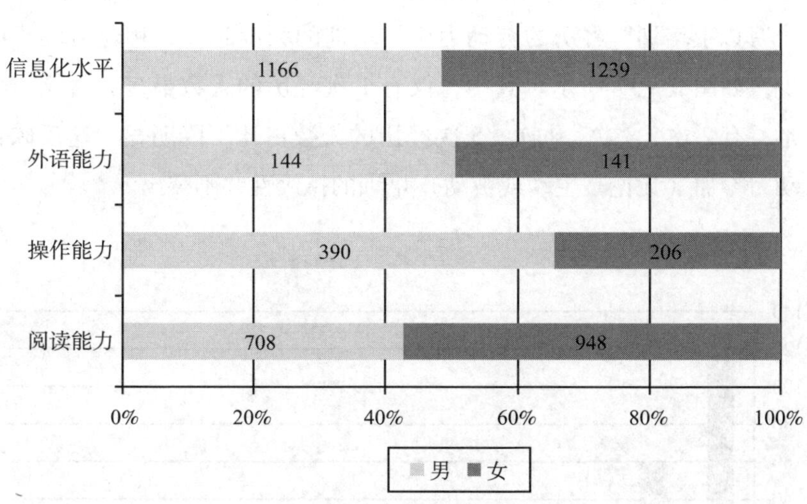

图 3-16　武汉市劳动力工作技能性别差异（单位：人）

3.3 培训状况

对于劳动力而言，参加培训是提升人力资本的重要手段与渠道。通过对武汉市劳动力的入户调查，其培训现状主要反映在培训时长、培训频度、培训主体、培训效果等方面。

3.3.1 培训时长

调研显示，武汉市受访并作出响应的劳动力中，有 254 人“参加过一个月以上的培训”，有1979人选择了“否”；参加过培训的劳动力占响应总量的11.37%，未参加的占88.63%。这反映出，武汉市劳动力为提升人力资本而参加培训的总体情况并不乐观，占比偏低。

3.3.2 培训频度

在信息化时代，知识更新快，工作岗位对劳动力的素质要求越来越高。劳动力人力资本的形成需要持续不断地投入或经常性培训。对武汉市的调研表明，在有“一个月以上培训”经历的劳动力中，培训的频度越高，相应劳动力的分布数量越少，如图3－17所示。其中，仅有1次经历的人数最多，占比46.04%，接近一半；有2次、3次、4次、5次经历的人数占比下降明显。这反映出，武汉市劳动力参加（无论是主动或被动）培训的持续性并不突出。

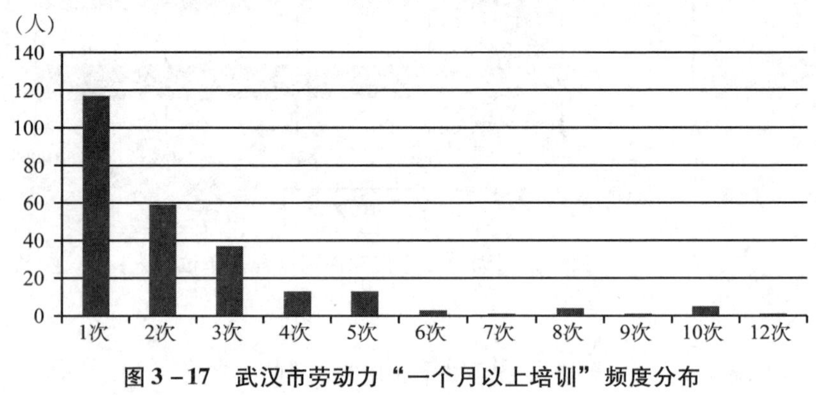

图3－17 武汉市劳动力“一个月以上培训”频度分布

3.3.3 培训主体

对劳动力进行培训的机构或市场主体是多元化的，包括商业性与非商业性、政府与非政府组织等渠道。从武汉市的实际情况来看，如图3－18所示，武汉市劳动力对“您参加过的最主要的培训是谁提供的?”的问卷反馈显示，占比由高到低依次为“以前雇主”“现在雇主”“政府部门”“其他”“商业组织”“非政府组织”，分别为35.43%、27.17%、16.54%、12.60%、5.51%、

2.75%。这说明当前武汉市劳动力的培训主要由企业进行（占 63.00%），其次是政府部门官方组织（占 16.54%）。

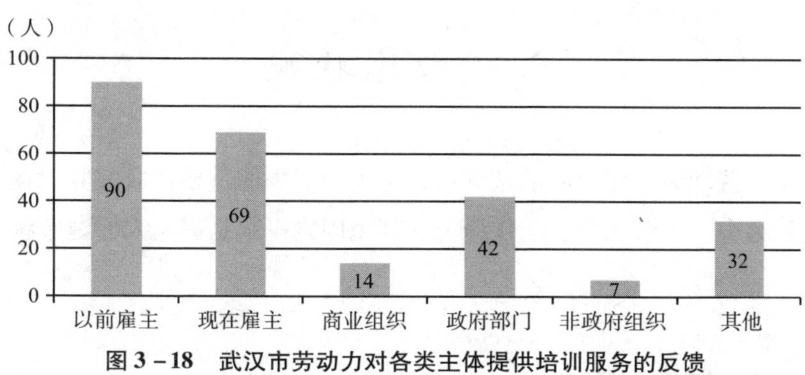

图 3－18　武汉市劳动力对各类主体提供培训服务的反馈

3.3.4　培训效果

培训效果体现了人力资源培训的质量。从调研来看，劳动力对各类主体提供的培训服务评价总体较好，反映“有帮助”的占比 98.03%（见图 3－19）。总体反映出很好的效果。

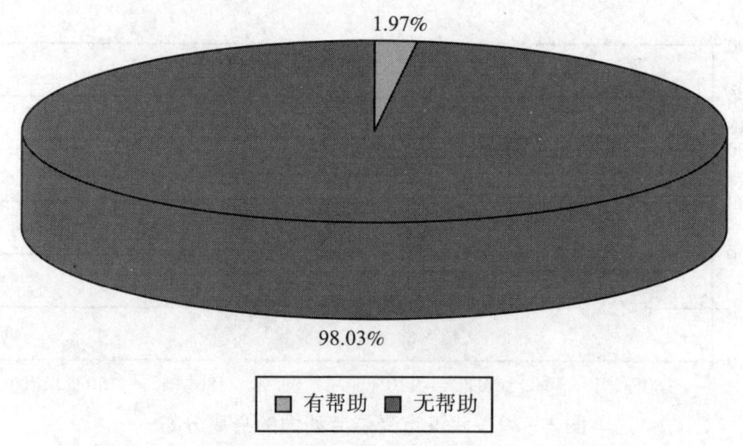

图 3－19　武汉市劳动力对各类主体提供培训服务的反馈

从上述分析可以看出，武汉市劳动力有过培训经历的占比偏低；而参加过培训的劳动力中，培训经历大多为1次、2次，培训的持续性不长；提供培训服务的主体以企业、政府为主；劳动力对培训的效果评价较高。

3.4 健康状况

健康是劳动力工作生活的基础，也是人力资本的重要构成部分。在现代快节奏的社会中，生活压力、工作压力、环境因素等都是影响人们健康状况的重要因素。

3.4.1 健康指数

肥胖是影响劳动力体质和健康的重要因素，体重指数（BMI）① 是衡量人体肥胖程度进而健康水平的常用指标。这一指标主要受身高和体重两个方面因素的影响。对武汉市劳动力这些相关情况进行调研所得数据如图3－20、图3－21所示。

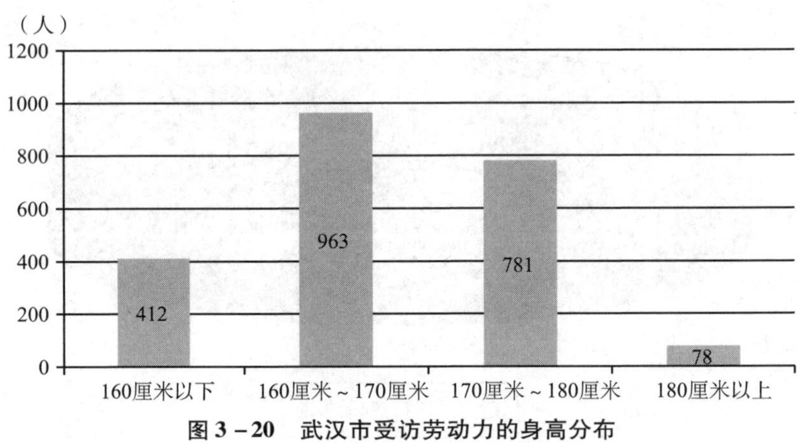

图3－20 武汉市受访劳动力的身高分布

① 身体质量指数（BMI）值的范围与肥胖（瘦弱）的对应关系为：BMI < 18.5，体重过轻；18.5 ≤ BMI < 24，正常体重；24 ≤ BMI < 27，体重过重；27 ≤ BMI < 30，轻度肥胖；30 ≤ BMI < 35，中度肥胖；BMI ≥ 35，重度肥胖。

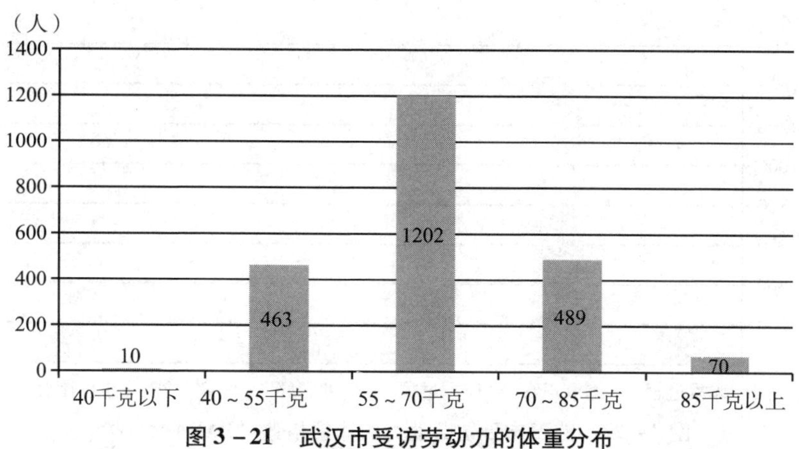

图3－21　武汉市受访劳动力的体重分布

根据统计数据测算，武汉市受访成年劳动力（16岁以上，含男女性）的身高平均值为166.04厘米。从身高分布来看，处于“160～170厘米”“170～180厘米”两个身高区间的人最多，分别为963人、781人，占比为43.11%、34.96%，二者之和接近80%；身高“160厘米以下”的劳动力则占比18.44%；“180厘米以上”身高则为3.49%。不难发现，从抽样调查来看，武汉市劳动力的平均身高并不突出。

同样，对于武汉市劳动力的体重调研所得数据如图3－21所示。根据测算，成年劳动力（16岁以上，包括男女性）体重的平均值为61.59千克。从体重分布来看，呈现较为明显的正态分布。其中，“55～70千克”体重区间的劳动力统计为1202人，占比53.80%；“40～55千克”“70～85千克”两个区间段的分布人数大致相当，分别为463人、489人，占比20.73%、21.89%。这种情况总体反映了武汉市劳动力较为正常的体重分布。

按照上述调研数据，测算得出武汉市劳动力的体重指数（BMI）分布如图3－22所示。在“体重过轻”“体重正常”“体重过重”“轻度肥胖”“中度肥胖”“重度肥胖”几种测算结果中，大部分劳动力属于“体重正常”，为1437人，占比64.32%；“体重过重”的劳动力数量为434人，占比19.43%；而属于肥胖类型（包括“轻度肥胖”“中度肥胖”“重度肥胖”三种情形）的劳动力数量共170人，占比7.6%。这反映了武汉市劳动力较好的健康状况。

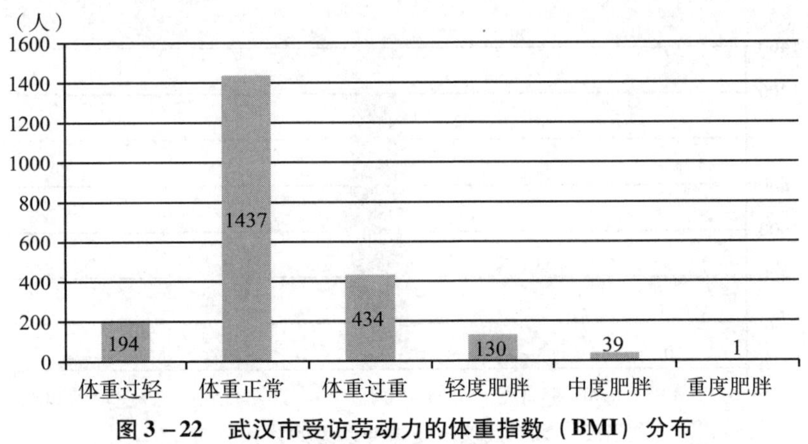

图 3－22　武汉市受访劳动力的体重指数（BMI）分布

3.4.2　健康评价

一般而言，劳动力对自身健康状况是最了解的，其作出的描述或评价相对更为客观。如图 3－23 所示，对自身健康状况评价为“很好”“较好”的劳动力人数分别为 833 人、909 人，占比分别为 32.10%、35.03%，占比之和近 70%。这表明了不错的健康状况。健康状况为“一般”的为 622 人，占 23.97%。反映健康状况“较差”“很差”的人数总量为 231，占比为 8.9%。健康状况差的劳动力虽不是多数，但也不容忽视。总体来看，武汉市劳动力对自身健康状况的看法与前述对其体重指数（BMI）的测算结果的分布是相吻合的。

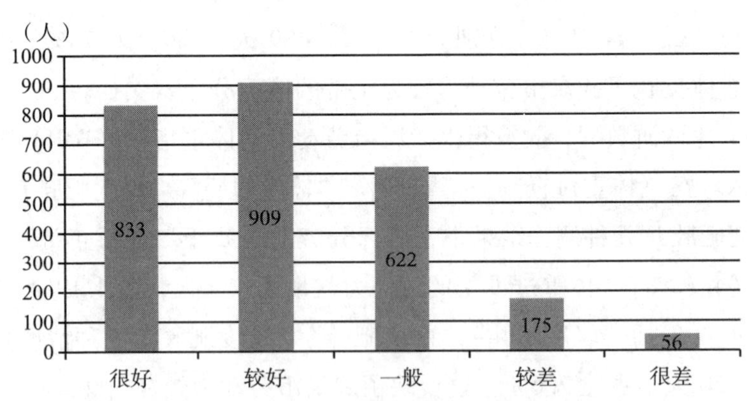

图 3－23　武汉市受访劳动力健康自我评价

3.4.3　医疗支出

随着健康意识的强化，人们对自身健康状况的关注程度明显提升，健康维护、检查与疾病治疗等方面的投入也相应增加。调查反映，如图 3－24 所示，过去一年武汉市劳动力的医疗费用平均支出为 2135.3 元。从各医疗费用支出区间的劳动力数量分布来看，过去一年没有医疗支出的为 1059 人，占受访劳动力总量的 47.40%；5000 元以下支出的为 969 人，占比 43.36%；其他支出段如“5000～10000 元”“10000～50000 元”及“50000 元以上”的占比之和不足 10%。这反映了总体上武汉市劳动力较好的健康状况；同时，也反映出一部分劳动力的健康状况较差、医疗费用支出压力较大。武汉市劳动力医疗支出分布的这种现状与其健康状况总体趋于一致。

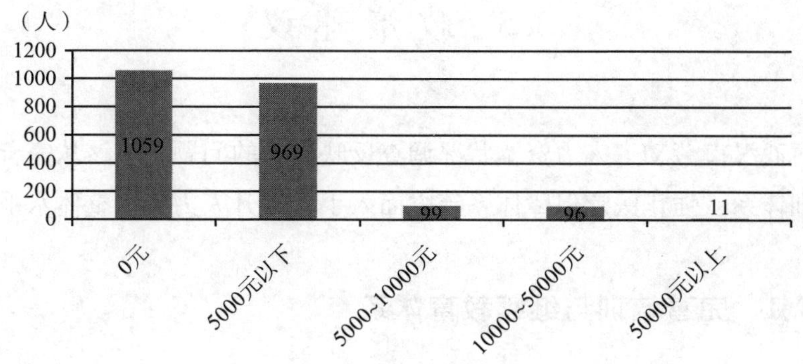

图 3－24　武汉市受访劳动力医疗支出分布

3.4.4　健康问题对职业的影响

健康状况是影响劳动力就业的重要因素。从调研数据来看，如图 3－25 所示，武汉市劳动力就“您有没有因为残疾或慢性病而影响工作?”的问题进行的反馈中，认为“完全没有影响”的人数达 1815 人，占问卷响应总量的 81.24%；认为“有一些影响”的为 331 人，占比 14.82%；88 人则认为“完全不能工作”。总体上看，这说明武汉市劳动力工作受健康因素的影响程度比较小，但对一部分劳动力因健康影响工作的情况，则需要社会、政府与企业在社会保障等公共服务上提供更大力度的支持。

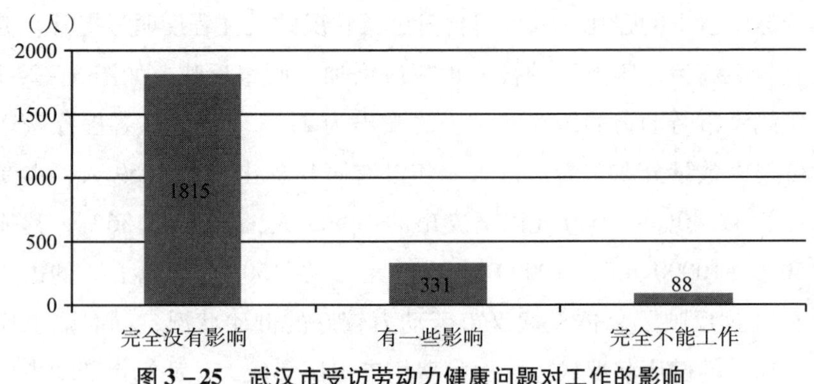

图 3-25　武汉市受访劳动力健康问题对工作的影响

3.5　政 策 建 议

针对武汉市劳动力人力资本状况调查反映出来的问题，应该从完善劳动力职业培训体系、强化医疗保障体系等方面入手，提升人力资本整体水平。

3.5.1　完善培训与继续教育体系

信息时代，知识更新快，工作岗位要求日益增高，劳动力的人力资本提升途径应逐步拓宽、多元化、多渠道化。除了正规的学历教育之外，针对企业员工以及各种非正式就业人员，还应有完善的培训与继续教育培训体系。时间过短、培训频度不高，针对武汉市劳动力资源培训中的这些问题，要建立多层次、全覆盖的人力资源培训体系，形成以企业培训为主、政府与中介机构培训为辅、兼顾市场化培训形式的多元化结构。具体来说，从企业层面而言，应加大对于《中华人民共和国劳动法》的落实力度，无论出于其自身效益与生产经营效率考虑，还是从职工权利角度而言，都应强化对员工的培训力度。根据企业自身实际，将企业内部培训和外部培训有机结合起来，依托武汉市智力与教育资源优势，尤其加强与外部专业培训机构及科研院所的合作，按需定制培训内容，提高培训服务质量与水平，提升劳动力的各项工作技能。从政府层面而言，作为其社会职能的体现，针对劳动力的一般培训是政府作为公共服务提供者的重要职责，尤其是针对未就业劳动者或人力资本水平较低的劳动者而言，应更多地提供一般培训服务。在当前形势下，顺应政府采购发展的趋势，也为了提高培训与继续教育质量，可以采取政府购买培训服务的形式来实施；同时提高培训的覆盖面，让更多的劳动者受益。从市场化培训而言，应推动针对不同业务、不同岗位提供培训服务的商业化机构和经营实体的发展；同时，行业主管部门或行业协会整合现有培训资源，注重规范管理，引导市场化培训主体的规范发展，在供给侧改革层面做好工作，为有一定经济能力、有较强接受培训与再教育意愿的劳动力根据自身发展需要和职业规划自主选择培训形式和内容而创造良好的平台与外部条件。

3.5.2　完善社会保障体系

劳动力资源的人力资本提升是一项系统工程，需要有针对性地强化在医疗、养老、就业等方面的社会保障力度。针对武汉市劳动力资源深入调研所反映出来的问题，需要在既有基础上继续完善社会保障，加强制度建设、规范制度执行、创新改革试点工作。尤其在城市化过程中，劳动力来源结构中相当部分为农业转移人口或外地城市迁移人口，针对他们要加强与农村及迁出城市在医疗保险、养老保险、小孩入学、就业培训等方面保障的异地衔接与延续。目前，武汉市在这些方面尚需进一步改善，需要在城市职工社会保障和城市居民社会保障建设基础上，逐步地通过制度创新，配合户籍制度的改革进程，将市民享有的这些公共服务向外地迁入人口进行延伸并扩大覆盖面，以从各个方面切实为提升其人力资本、就业能力等提供可靠保障。对于企业职工，主要从企业层面着力，将当前尚不规范执行的社会保障（中小企业表现更为突出，用工形式不正规）纳入有力度的执行和正式的监管范畴，实现农村地区或其他城市地区的社会保障通过城乡统一或城城衔接得以延续，提高劳动者缴费的积极性，保障员工的正当权益；对于其他各类离退休人员或失业人员，政府层面的统筹显得尤其重要，应通过切实可行的措施提高其在城市基本生活、居住以及医疗保障水平。

3.5.3 改善劳动环境和条件

随着生产规模的扩大和生产技术水平的提高，企业的劳动（工作）环境逐步改善。从总体上来看，大部分企业比较重视工作环境问题，企业职工的工作环境总体上是向着好的方向发展的。但据调查反映，部分行业、部分企业仍存在比较严重的问题，其中，粉尘污染、噪声污染、辐射污染、机械故障隐患是比较突出的方面。这些不仅破坏环境、浪费资源，更为严重的是，它侵犯生产力中最积极、最活跃的因素——人的健康权利，是对一切生产活动根本目的的异化。为此，迫切需要从以下几个方面做出努力：（1）应当通过立法来保护高危行业从业人员的身体健康和生命安全，提高其工资水平和福利待遇水平，定期为职工进行健康检查，建立职业危害监测、检查、管理和治疗康复与休养制度。（2）应当加强对企业安全生产情况的监督检查，严厉惩处危害劳动者身心健康的劳动用工行为，督促企业从硬件和软件两个方面改善劳动安全条件。同时，要宣传企业为改善劳动（工作）环境所做出的努力，树立关心职工安全和健康权益的典型，引导行业以先进典型为榜样，加速提升安全生产水平。（3）应当充分发展工会等群众组织的作用。工会要积极维护广大职工的生命健康权益，努力改善广大劳动者的劳动条件和生活质量。发动广大职工深入开展对各类事故和职业危害隐患的排查治理活动，加强对矿山、冶金、化工、建材和制造业中高危行业劳动安全卫生情况的群众性监督检查，推动政府落实监管责任，监督和协助企业落实职业病防治主体责任，协助调查处理重特大伤亡事故和严重职业危害事件。同时，应继续深入开展“安康杯”竞赛活动，在职工中普及安全生产和职业病防治知识，提升广大职工的劳动安全卫生防控意识和能力，引导职工积极参与企业改善劳动（工作）环境和治理职业危害的活动。加强对工会劳动保护监督检查人员的培训和管理工作，提高其工作能力，充分发挥其作用。（4）要建立和不断完善市场准入制度，在企业安全生产条件、劳动保护措施、安全教育培训、职业病防治、职工健康检查等方面，建立严格而明确的国家标准，对企业进行无一例外的严格监察，综合采用经济、行政和法治措施，坚决制止一切损害劳动者安全和健康权益的劳动用工行为。

3.5.4　强化社区健康生活设施建设

社区在居民生活中扮演着非常重要的角色。面向社区居民，营造全民健康生活氛围、推动健康生活行动示范工作在社区中心工作中具有特别重要的意义。为社区居民创建安全、洁净的生活、工作环境，关心和注重居民的健康，是人力资源人力资本开发与建设的重要方面。主要体现在如下方面：(1) 健康设施建设。提高人们的健康意识、丰富人们的健康知识是提升居民人力资本的重要前提。为此，需要筹措资金建设健康知识宣传栏，并举办各类讲座，普及推广健康常识，营造健康生活的氛围；同时，还应学习借鉴其他城市尤其沿海城市社区建设的经验，建设社区健康路径、体育锻炼设施，兴建羽毛球场、乒乓球活动室、游泳场、健康教育活动室等基础设施，满足各类需求。(2) 举办各类健康活动。在市场经济条件下，资金和场地一直是制约社区健康生活方式可持续发展的"瓶颈"。对此，应依托社区平台，结合居民所属辖区实际，制定"资源共享、共联共建"的发展战略，打破资金和场地的制约，推动健康生活方式示范社区工作的开展。为了给社区居民群众提供更多、更好、更有档次的健康体育设施和场所，可以创新工作方式与工作机制，举办篮球赛、体育节、义诊、健康咨询、免费体检等多种类型的健康活动。(3) 健康教育。健康生活方式的长期发展需每个居民共同努力才能完成，社区可以通过举办健康知识讲座，让居民了解什么才是健康的生活方式，真正营造一个健康、洁净、文明的生活方式与环境，在社区范围内树立倡导讲文明、讲卫生、讲科学、改陋习、树新风的良好社会风尚。

3.5.5　提升人力资本使用效率

首先，要探索、建立、完善有利于调动劳动者积极性、创造性的有效机制。激励现有人力资源奋发进取，最大限度地发挥其聪明才智，为经济社会发展建功立业；建立企事业单位职工能上能下和退出制度，用制度管人，用机制激励劳动者，盘活现有人才总量；积极推进人力资源制度改革，健全和完善行政、企事业单位人事管理制度，创造一个人才能进能出、职务能升能降，优者上、平者让、劣者下的用人环境；坚持用事业留人、待遇留人和感情留人，支持鼓励在职人才自我脱产进修深造；给发展潜力大的人才压担子，进行多岗锻炼，增加阅历，积累经验，促其尽快成才。其次，要优化劳动力资源队伍结构。要进一步扩大人才选拔任用工作中的民主，完善考察失真和用人失误责任追究制度，用民主、公开、公平、公正的机制发现人才、选准人才；要加大考试录用、公开选拔、竞争上岗工作力度，在公开选拔、竞争上岗中激励、发现人才，通过选育管用环环紧扣、在竞争中优胜劣汰，不断提高劳动者的素质；要打破论资排辈的职称评定模式，对现有专业技术人员职称采取绩效挂钩的措施，对能力强、技术水平高的实行低职高评，对一些急需专业、特殊岗位所需人员实行低职高聘；对做出贡献的专业技术人员，按贡献大小，实行奖励，激发专业技术人员工作的积极性。最后，要完善人才保障机制。要积极探索有利于调动各类人才积极性的奖惩制度，对有贡献的科技人员及工作者实行重奖重用。逐步完善福利制度，保证各类人才的福利待遇水平随着经济发展不断提高；构建各类人才终身教育体系，加大继续教育力度，形成国家、单位、个人三方面负担的继续教育投入机制；加大对人才队伍建设的投入，逐步提高发展性投入用于人才资源开发的比例，把包括合理的人才培训经费、招选聘经费、科研经费、奖励经费等列入年度预算。

3.5.6 加强人力资源市场建设

党的十九大对人力资源社会保障工作提出了新的更高要求，是我们做好当前和今后一个时期人力资源市场建设工作的根本遵循和行动指南。当前，从调研情况来看，人力资源市场领域发展不平衡、不充分问题更加凸显；武汉市经济发展由高速增长进入高质量发展、转型升级的新阶段，必然需要高质量人力资源服务支撑；人力资源供求呈现新特点，亟须发挥人力资源服务业促进人力资源优化配置作用，推动武汉“高教优势”向“人才红利”转变；科技和产业融合发展出现新趋势，“互联网 +”等新兴信息技术在人力资源市场领域广泛应用；“放管服”改革提出了新要求，必然推动人力资源市场管理体制改革向纵深发展。武汉市人力资源市场建设工作面临新的机遇和挑战，肩负新的使命和任务，必须加强顶层设计和统筹规划，站在新的历史起点上进一步强化人力资源市场建设力度以及相应投入。

围绕更好发挥市场促进就业作用，建立健全人力资源市场体系。人力资源市场是实现就业的主渠道，市场调节就业是武汉市就业工作的一项基本方针，必须围绕更好发挥市场促进就业作用，健全人力资源市场体系。建立健全人力资源市场法规体系，加快人力资源市场条例立法进程。建立健全人力资源市场监管体系，持续推进人力资源服务机构诚信体系建设，加强人力资源服务标准化建设。深入研究健全人力资源市场体系促进劳动力人才顺畅流动的政策措施，深化人力资源市场整合融合，促进武汉市乃至湖北省人力资源市场建设工作协调发展。

围绕加快发展现代服务业要求，推动人力资源服务业繁荣发展。以产业引导、政策扶持和环境营造为重点，以实施人力资源服务业发展行动计划为抓手，全面推动人力资源服务业高质量发展。深入研究加快发展人力资源服务业，在人力资本服务等领域培育新增长点、形成新动能的政策措施。实施骨干企业培育计划、领军人才培养计划、产业园区建设计划，提高从业人员专业化、职业化水平，加快建设一批有规模、有辐射力、有影响力的国家级人力资源服务产业园。推动人力资源服务和互联网深度融合，推动行业发展转型升级、提质增效。

3.5.7　营造人力资本投资环境

除人力资本外部投资以外，劳动者本身也要增强人力资本投资意识，强化投资动力，并切实加大对自身人力资本各方面的投资，包括健康投资、教育投资、职业技能投资。政策上要为劳动者的这一系列投资创造有利环境，并提供有力支持条件。一方面，武汉市的人力资源“孔雀东南飞”的局面虽随着劳动力外流速度减缓而有所缓解，但工资待遇相对武汉市当前国家中心城市与中部地区崛起战略支撑点的定位而言明显偏低。因此，为营造良好的人力资本投资环境，对内，武汉市要从工资待遇、工作条件、工作环境等方面，加大对人力资本工作的扶持力度，并在政策上给予倾斜，在全社会营造一个尊重知识、尊重人才的良好社会氛围；对外，要积极吸引海外高质量、高水平的人力资本投入武汉市经济发展中，使武汉市人力资本质量和数量都能得到较大幅度的提高。另一方面，要强化劳动者对自身人力资本投资的激励，除了建立覆盖面广的社会化服务体系、提供良好的人力资本提升服务外，更应在工资增长、福利待遇提升、个人成长与发展上提供更为宽松的条件与环境，以激励劳动者在人力资本提升上的投资。

3.6 小　结

通过对武汉市劳动力的抽样调查，综合对人力资本在教育程度、工作技能、培训状况以及健康状况的分析，得出以下基本结论。

在教育程度层面上，武汉劳动力教育程度的总体状况表现为：学历状况以初高中为主，大中专其次，而教育程度较低现象也较为突出。受访居民全日制在校教育表现为：以幼儿园学前教育、九年义务教育、高中的中等教育及大学本科的高等教育为主，职业教育与高等教育中的硕博精英教育占比相对较低。从年龄分布来看，随着文化程度的上升，高年龄群体占比越来越低，相对较低年龄群体占比则越来越高，即随着年龄由大到小的变化，群体的文化程度逐步在提高。在武汉市劳动力学历性别差异上，低学历中，女性明显高于男性；在中等教育中，男女性差距不大；在专本科教育中，女性略低于男性；而在硕博士教育学历上，男性明显高于女性。这说明，从总体上来说，在教育状况的性别差异上，男性的教育水平高于女性。

在工作技能层面上，调研从劳动力阅读能力、操作能力、外语能力及信息化水平等方面进行分析。工作技能的总体现状体现为：在四项能力中，能力水平最高的是阅读能力（62.89%），其次是信息化水平（53.5%），最低的则是外语能力（14.89%），这反映出武汉市劳动力工作技能水平的结构性差异。从年龄差异来看，年龄层次中年轻化劳动力群体掌握工作技能的情况明显好于年龄偏高的劳动力群体。在性别差异上，“信息化水平”与“外语能力”的差异并不明显；而在“操作能力”上，男性明显强于女性；在“阅读能力”上，女性则强于男性。综合四项能力来看，武汉市劳动力的工作技能在性别上的差异很小。

在培训层面，武汉市劳动力培训总体状况体现为：劳动力参加培训的情况并不乐观，占比偏低；参加（无论是主动或被动）培训的持续性并不突出；对劳动力进行培训的机构或市场主体是多元化的，以企业培训为主；劳动力对各类主体提供的培训服务评价总体较好。

在健康层面，主要从健康指数（BMI）、健康评价、医疗支出、健康问题对工作的影响四个层面进行分析，总体情况反映：武汉市劳动力的健康指数分布状况、劳动力对自身健康评价、劳动力的医疗支出现状，以及健康问题对工作影响情况，反映了武汉市劳动力良好的健康状况。

第4章 劳动力的工作状况

4.1 劳动参与状况

4.1.1 劳动参与率

在经济学中，劳动参与率是指在某个年龄段中，参与劳动力市场的人数占相应年龄段的总人口的比重。其中，参与劳动力市场既包括当前有工作，也包括当前暂时没有工作但是正在努力找工作的失业者。中国城市劳动力调查（武汉）针对16岁以上的家庭成员，调查了其就业状况。在2234个受访者中，1264个人有工作[①]，其中，有17人有工作但暂时没做，1247人在调查前一周从事过一个小时以上有收入的工作。除此之外，970人没有工作，其中31个人正在努力找工作。按照经济学的定义，劳动参与率为57.97%，如表4-1所示。

表4-1　　劳动参与状况

劳动参与状况	人数（人）	百分比（%）
参与劳动力市场	1295	57.97
在工作	1247	55.82

① 如果受访者在调查前一周从事过一个小时以上有收入的工作，或者有工作暂时没做，都被视为有工作。私营企业雇主、自营劳动者和个体工商户等也属于有工作。

续表

劳动参与状况	人数（人）	百分比（%）
有工作但暂时没做	47	2.10
没工作但在寻找工作	31	1.39
未参与劳动力市场	939	42.03
总数	2234	100.00

从性别来看，男性的劳动参与率要高于女性。如图 4－1 所示，男性的劳动参与率为 67.0%，而女性的劳动参与率只有 49.0%，男性的劳动参与率比女性高出 18 个百分点，男性仍是社会和家庭劳动参与的主要成员。由于女性相比男性更多地分担了家务劳动和子女看护等责任，一方面会造成女性自动地选择待在家中，承担家庭责任；另一方面，用人单位也会由于多种原因对女性劳动力雇用的意愿低于男性。还有体制规定男女退休年龄不同等诸多因素影响。女性就业的弱势局面相较于男性而言，还需要继续改善。

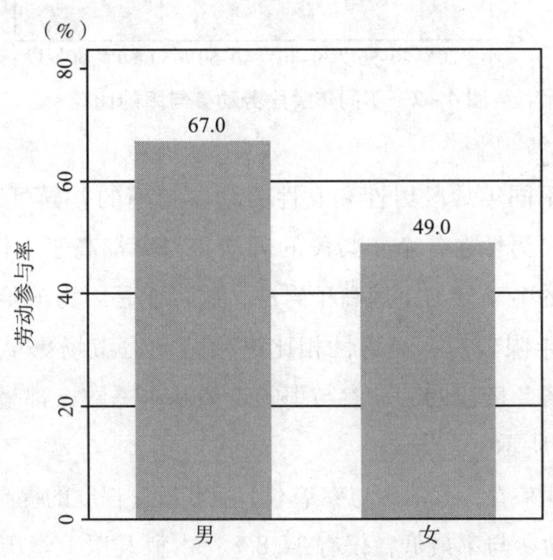

图 4－1　劳动参与率的性别差异

分年龄段来看，如图 4－2 所示，可以发现，劳动参与率随年龄增加呈倒

“U”形。30～40岁及40～50岁年龄段的劳动参与率比较高，都超过了85%。20岁以下的年轻人的劳动参与率仅为11.5%，这是因为该年龄段的很多年轻人仍在接受教育，尚未进入劳动力市场。60岁以上的老年人的劳动参与率最低，仅为6.1%，绝大多数60岁以上的老年人已经退出了劳动力市场。

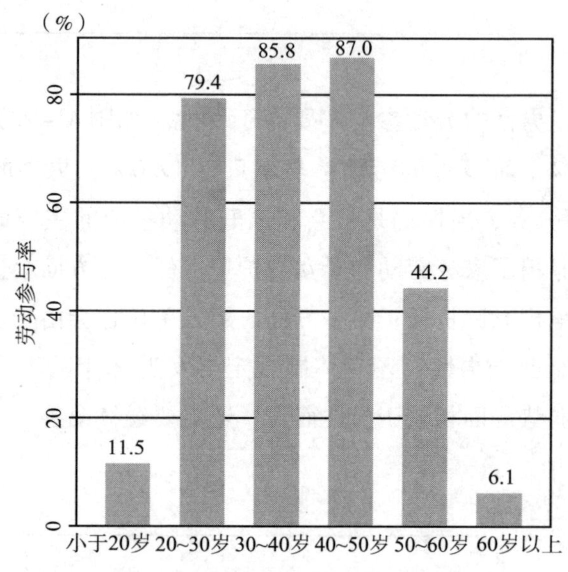

图4－2　不同年龄段劳动参与率的比较

进一步比较不同年龄段男性和女性劳动参与率的差异可以发现，除了20岁以下的年龄段，男性在各个年龄段的劳动参与率都高于女性。在小于20岁的年龄段，女性的劳动参与率远高于男性，这可能是因为该年龄段的女性平均而言接受教育的年限较短，与男性相比进入劳动力市场更早。此外，整体而言，男性和女性各年龄段的劳动参与率的走势基本一致，都呈现出倒“U”形特征，如图4－3所示。

按照教育程度来看，劳动参与率基本上随着教育程度的提高而提高：小学及以下学历的人劳动参与率最低，仅有34.8%；本科及以上学历的人劳动参与率最高，达84.0%；其次是大专学历，劳动参与率为69.2%；初中学历和高中学历的人劳动参与率差异不大，分别为56.7%和53.2%，如图4－4所示。

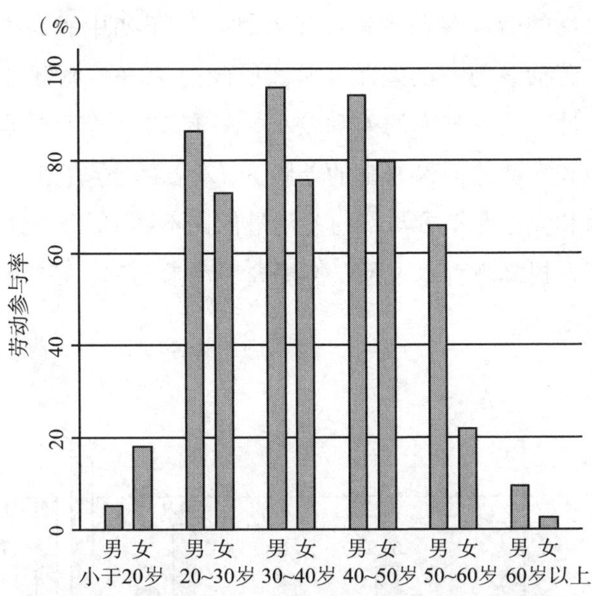

图 4－3　男性和女性在不同年龄段劳动参与率的比较

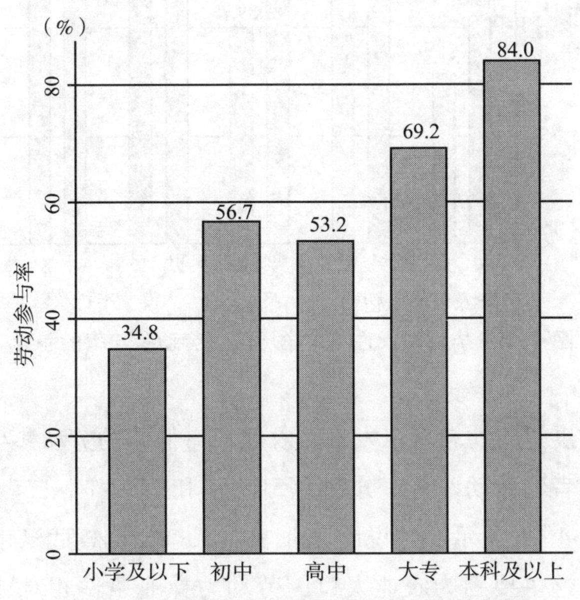

图 4－4　不同教育程度的劳动参与率的差异

比较男性和女性在不同学历层次上的劳动参与率的差异可以发现，在每一个学历层次上男性的劳动参与率都高于女性。对于初中和高中学历层次的群体，男性与女性劳动参与率的差距非常大，超过 20%；对于小学学历的群体来说，男性和女性劳动参与率的差别较小，只有 10.7 个百分点；对于大专学历的群体，男性和女性劳动参与率的差距为 12 个百分点；对于本科及以上学历的群体，男性和女性劳动参与率的差距最低，不到 10 个百分点。图 4－5 意味着，整体而言，提高教育水平不仅能提高劳动参与率，还能够缩小男女劳动参与率的差异。

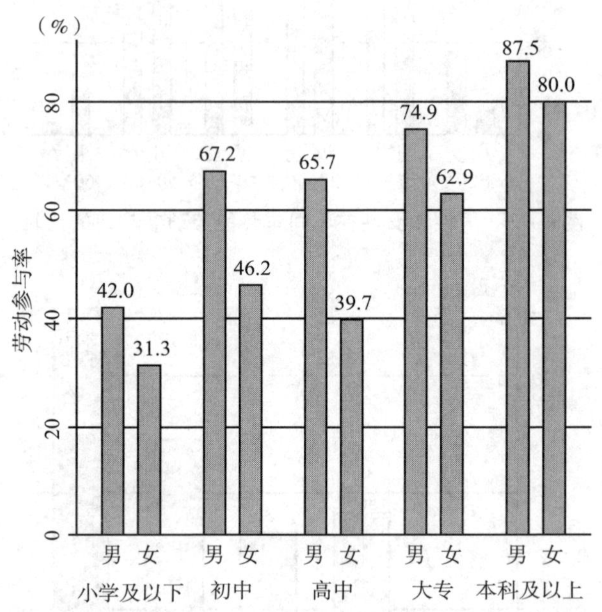

图 4－5　男性和女性不同学历层次劳动参与率的差异

从户籍的角度进行比较可以发现，农业户口群体的劳动参与率远高于非农业户口群体，二者的劳动参与率分别为 51.8% 和 71.7%，二者的差距超过 20 个百分点，如图 4－6 所示。这说明与非农业人口相比，武汉市农业人口参与劳动更为积极，这主要因为农业人口的劳动力择业条件相对更低、就业面更广，要获得更多社会保障和收入的意愿更强烈。

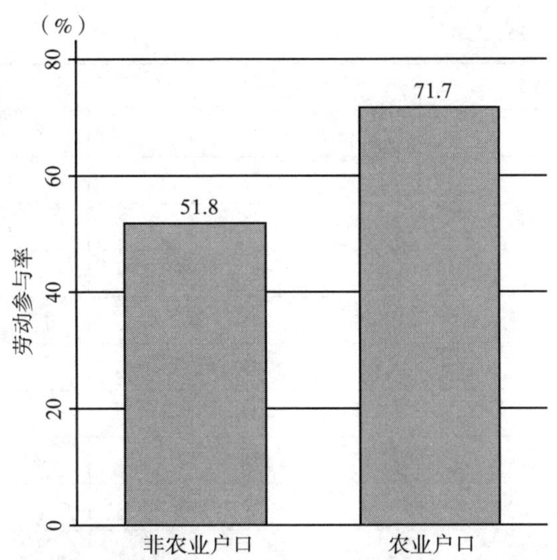

图 4－6　农业户口和非农业户口劳动参与率的差异

4.1.2　就业者的状况

表4－2报告了当前就业者的基本特征。在1247位就业者中，男性的数量为713人，占比57.18%；女性的数量为534，占比42.82%。从年龄上来看，就业者的平均年龄为40.15岁，其中，小于20岁的有8人，占0.64%；20～30岁的有248人，占19.89%；30～40岁的有377人，占30.23%；40～50岁的有402人，占32.24%；50～60岁的有186人，占14.92%；60岁以上的有26人，占2.09%。从户籍的角度看，非农业户口有760人，占60.95%；农业户口有487人，占39.05%。从教育程度上看，小学及以下学历、初中、高中、大专、本科及以上学历的比例分别为6.67%、29.64%、18.23%、25.94%、19.52%。从某种意义上讲，武汉市具有本科及以上学历的劳动力占比较低，在未来要实现拼搏赶超，武汉市应该放宽大学生的落户条件，吸引更多的武汉大学生留在武汉就业创业。

表 4－2　当前就业者的基本情况

就业者的基本特征	人数（人）	百分比（%）
性别		
男	713	57.18

续表

就业者的基本特征	人数（人）	百分比（%）
性别		
女	534	42.82
年龄		
小于20岁	8	0.64
20~30岁	248	19.89
30~40岁	377	30.23
40~50岁	402	32.24
50~60岁	186	14.92
60岁以上	26	2.09
教育程度		
小学及以下	83	6.67
初中	369	29.64
高中	227	18.23
大专	323	25.94
本科及以上	243	19.52
户籍		
非农业户口	760	60.95
农业户口	487	39.05

4.1.3 无业者的状况

在处于劳动年龄阶段的受访者中（16岁以上），有970人目前没有工作，占所有受访者的43.42%。对没有工作的原因进行分析表明（见表4-3），其中556人是因为已经离退休而没有工作，占57.32%；102人是因为需要料理家务而没有工作，占10.52%；其他没有工作的原因包括在校学习（8.66%）、照顾孩子（7.22%）、丧失劳动能力（5.05%）等。在970个无业者中，其中仅有31个人在找工作，其他939个人没有尝试找工作。在31个找工作的人中，网络媒体和熟人网络是其寻找工作的主要途径；通过这两种方式寻找工作的比例分别为 48. 39% 和 29. 03%；通过人才招聘会和社区就业服务站等其他方式寻找工作的比例仅为 20% 左右。

表 4 -3　　未工作的原因

没有工作的原因	人数（人）	百分比（%）
离退休	556	57. 32
料理家务	102	10. 52
在校学习	84	8. 66
照顾孩子	70	7. 22
丧失工作能力	49	5. 05
毕业后未工作	22	2. 27
因本人原因失去工作	22	2. 27
怀孕或哺乳	18	1. 86
因单位原因失去工作	17	1. 75
其他	30	3. 08
总计	970	100. 00

4. 1. 4　离退休状况

对于 40 岁及以上的受访者，我们调查了其离退休状况。其中，604 人已经办理了离退休手续，占 40 岁以上受访者的比例为 42. 66%；另外 57. 34% 的受访者没有办理离退休手续。分年龄段来看，在 40 ~ 50 岁年龄段的受访者中，16% 的人办理了离退休手续；50 ~ 60 岁年龄段的受访者中，45. 1% 的受访者办理了离退休手续；60 岁以上的受访者中，86. 7% 的人办理了离退休手续(见图 4 -7)。

分性别看，如图 4 -8 所示，女性基本上在 60 岁以前办理退休手续，而绝大多数男性在 60 岁以后办理退休手续，这与我国目前的退休政策比较吻合。但是从男性退休年龄的分布情况可以看出，大约 20% 的男性在 60 岁之前退休，这反映了武汉市存在一定程度的"未老先退"现象。提前退休加剧了养老金收支的不平衡，因此，应该规范这类提前退休的不正常现象，按照国家法律法规，严格执行提前退休的审批监管。

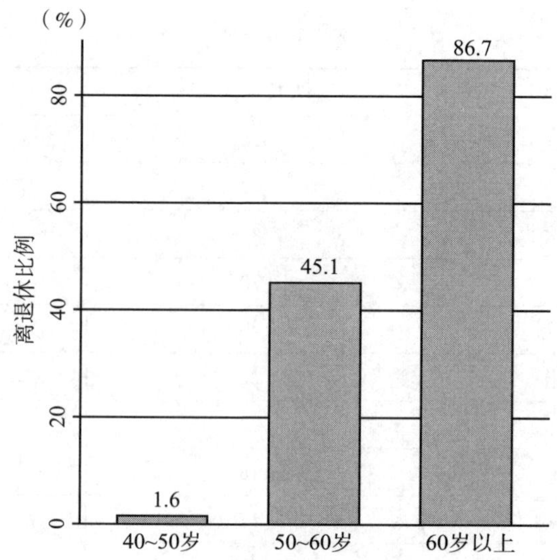

图 4-7　不同年龄段的离退休比例

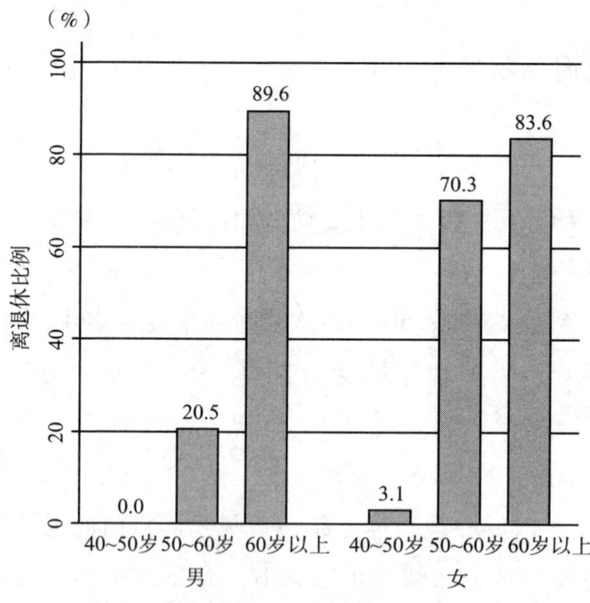

图 4-8　男性和女性不同年龄段的离退休比例

根据受访者办理离退休手续的年份，可以进一步分析办理离退休的年龄。图 4－9 刻画了男性和女性办理离退休的年龄分布状况。不难看出，男性和女性的退休年龄都集中在 50 岁、55 岁以及 60 岁，这与我国的退休政策比较吻合。通过对比也可以发现，男性的离退休年龄主要集中在 60 岁，而女性的离退休年龄主要集中在 50 岁。

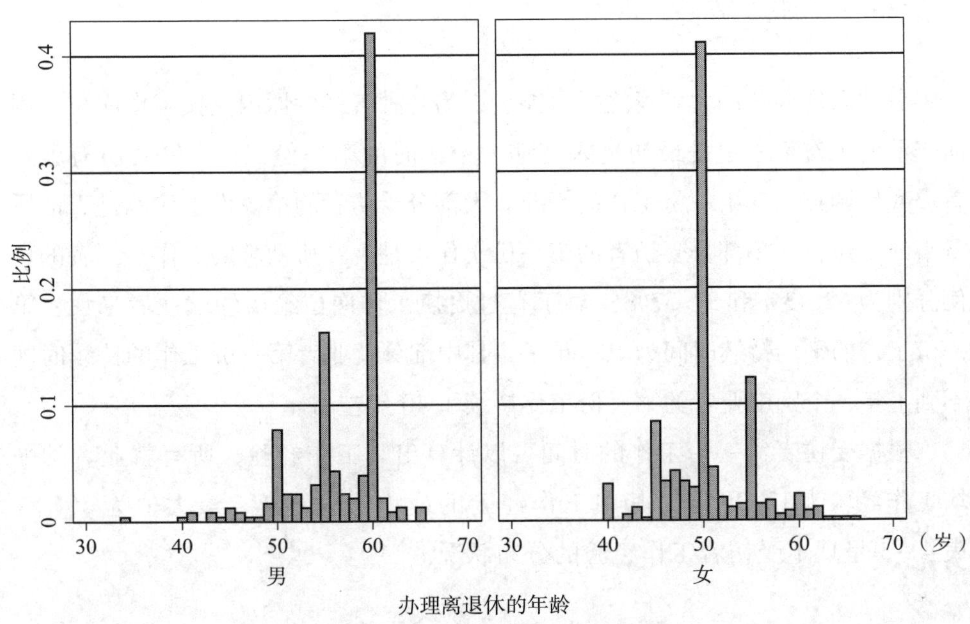

图 4－9　办理退休的年龄分布情况

大多数受访者在办理离退休手续之后完全退出了劳动力市场。在 604 位已经办理了离退休手续的受访者中，569 人完全退出了劳动力市场，占比 94.21%；而仅有 35 人继续从事有偿的工作，占比 5.79%（见表 4－4）。

表 4－4　退休后的就业状况

退休后仍然工作	人数（人）	百分比（%）
是	35	5.79
否	569	94.21
总数	604	100

4.2 工作经历

4.2.1 第一份工作状况

劳动者进入劳动力市场之后可能会因为各种各样的原因更换工作岗位，因而当前的工作不一定是最初进入劳动力市场时的第一份工作。针对所有就业者，我们调查了其第一份工作的情况。大部分受访者的第一份工作就是当前所从事的工作，一小部分受访者的第一份工作不是现在所从事的工作，二者的比例分别为62.43%和37.57%。对于有过更换工作岗位经历的就业者来说，第一份工作的平均持续时间为10.66年，其中部分就业者第一份工作的持续时间不到1年，个别就业者的第一份工作持续了40年左右。

根据受访者第一份工作的时间可以计算出其工作经验，所有就业者的平均工作经验为13.29年，其中工作经验的最小值为0年，最大值为59年。表4－5呈现了受访者工作经验的分布状况。

表4－5　　工作经验的分布状况

工作经验（年）	人数（人）	百分比（%）
0～5	209	14.96
5～10	252	18.04
10～20	430	30.78
20～30	316	22.62
30年以上	190	13.60
总计	1397	100.00

由表4－5可以看出，大部分人的工作经验在20年以下。其中，工作经验为0～5年的就业者占14.96%，工作经验为5～10年的占18.04%，工作经验

为 10 ~20 年的占 30. 78%。此外，工作经验为 20 ~30 年的占 22. 62%，工作经验为 30 年以上的占 13. 60%。

图 4 －10 呈现了男性和女性工作经验的差别。其中，男性的平均工作经验为 19. 3 年，女性的平均工作经验为 14. 8 年，前者比后者多 4. 5 年。

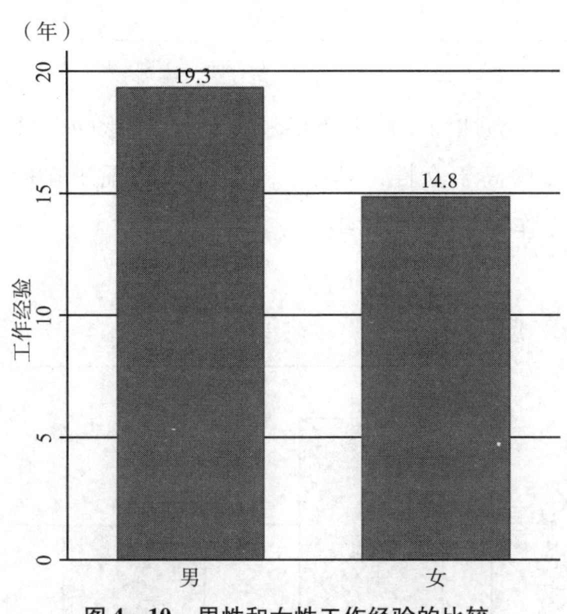

图 4 －10　男性和女性工作经验的比较

4. 2. 2　当前工作的工作年限

受访者从事当前工作的平均年限为 11. 9 年。表 4 －6 反映了当前工作的工作年限分布状况，其中，大部分受访者从事当前工作的年限不超过 10 年，有 6. 10% 的受访者的工作年限超过了 30 年。

表 4 －6　当前工作的工作年限分布状况

单位规模	人数（人）	百分比（%）
0 ~5 年	426	33. 73
5 ~10 年	287	22. 01

续表

单位规模	人数（人）	百分比（%）
10～20年	297	23.52
20～30年	185	14.65
30年以上	77	6.10
总计	1263	100

图4－11反映了男性和女性工作年限的差别。由图4－11可以看出，男性从事当前工作的年限高于女性，其中，男性从事当前工作的年限为13.4年，而女性从事当前工作的年限为10年。

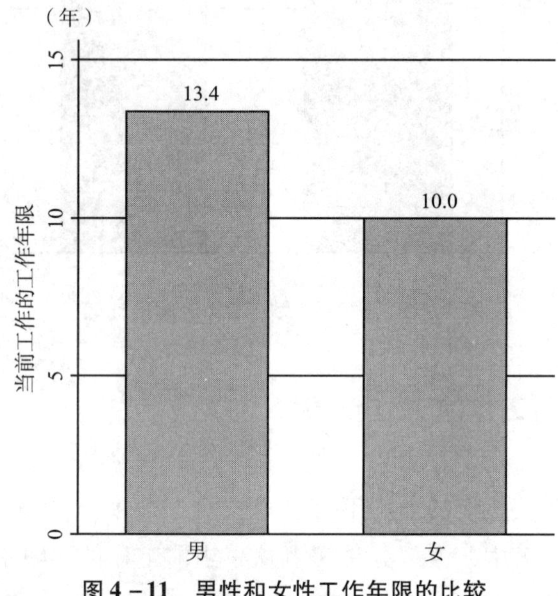

图4－11　男性和女性工作年限的比较

4.2.3　求职方式

对于公司雇员及机关事业单位的正式职工，我们调查了其进入当前单位的方式。由表4－7可以看出，受访者进入当前工作单位的主要方式为亲戚、朋友或熟人介绍，占 35.57%；其次为人才招聘会或交流会，占 20.02%；此外，学校就业指导中心或学校直接推荐工作是应届毕业生进入当前工作单位的主要方式。进入当前工作单位的其他主要方式包括直接联系雇主、网络媒体等，分别占 10.25% 和 8.72%。

表 4－7　　进入当前单位的方式

求职方式	人数（人）	百分比（%）
政府职业介绍大厅	4	0.47
社区就业服务站	23	2.71
商业职业介绍机构	6	0.71
人才招聘会或交流会	170	20.02
学校就业指导中心，或学校推荐工作	76	8.95
网络媒体	74	8.72
纸质媒体	30	3.53
亲戚、朋友或熟人介绍	302	35.57
雇主直接联系您	12	1.41
直接联系雇主	87	10.25
军转复员或政府安排	19	2.24
机关事业单位招考	35	4.12
其他	11	1.30
总计	849	100.00

4.3　当前职业状况

4.3.1　行业分布

表 4－8 显示了受访者当前工作的行业分布状况。其中，属于批发和零售业的占比最高，达 22.25%；其次为居民服务、修理和其他服务业，以及制造

业，占比分别为13.38%和9.42%。占比最低的是采矿业和国际组织，占比仅为0.08%。按产业进行归类，劳动者当前工作所属产业按比例高低依次为第三产业、第二产业以及第一产业。其中，属于第三产业的占比为88.07%，属于第二产业的占比为21.14%，属于第一产业的占比为0.79%。

表4－8　当前工作的行业分布状况

行业类型	人数（人）	百分比（%）
批发和零售业	281	22.25
居民服务、修理和其他服务业	159	13.38
制造业	119	9.42
住宿和餐饮业	112	8.87
建筑业	96	7.60
交通运输、仓储和邮政业	87	6.89
教育	75	5.94
公共管理、社会保障和社会组织	54	4.28
金融业	51	4.04
卫生和社会工作	43	3.40
信息传输、软件和信息技术服务业	40	3.17
电力、热力、燃气及水生产和供应业	30	2.38
文化、体育和娱乐业	30	2.38
房地产业	21	1.66
租赁和商务服务业	19	1.50
科学研究和技术服务业	12	0.95
水利、环境和公共设施管理业	12	0.95
水、林、牧、渔业	10	0.79
采矿业	1	0.08
国际组织	1	0.08
总计	1263	100

4.3.2　单位类型

表 4 - 9 显示了受访者当前工作的单位类型的分布状况。其中，在私营企业工作的劳动者比例最高，达 37.29%；个体工商户的比例次之，比例为 22.72%；工作单位属于国有及国有控股企业及机关团体事业单位的比例分列三、四位，其比例也都超过 10%。工作单位属于港澳台投资企业的比例最低，仅为 0.24%。

表 4 - 9　　当前工作的单位类型的分布状况

单位类型	人数（人）	百分比（%）
私营企业	471	37.29
个体工商户	287	22.72
国有及国有控股企业	173	13.70
机关团体事业单位	163	12.91
外商投资企业	22	1.74
集体企业	19	1.50
民办非企业单位	12	0.95
港澳台投资企业	3	0.24
其他	113	8.95
总计	1263	100

4.3.3　工作身份

表 4 - 10 反映了劳动者当前的工作身份。其中，单位或公司雇员的比例最高，占比为 57.17%；个体工商户及机关（事业）单位正式职工的占比分列二、三位，占比分别为 16.68% 和 10.13%；分包商的占比最低，仅为 0.08%。

表 4－10　　当前的工作身份

工作身份	人数（人）	百分比（%）
单位或公司雇员	722	57.17
个体工商户	213	16.86
机关（事业）单位正式职工	128	10.13
自由职业	58	4.59
自营劳动者	28	2.22
家庭帮工	15	1.19
私营企业雇主	13	1.03
电商（网店、微商等）	10	0.79
私营企业合伙人	6	0.48
分包商	1	0.08
其他	69	5.46
总计	1263	100

4.3.4　单位规模

表 4－11 反映了受访者当前工作单位的规模分布状况。其中，大部分劳动者在规模 100 人以下的单位工作，其比例为 71.08%。28.92% 的劳动者在规模为 100 人以上的单位工作，其中，在规模为 100～249 人的单位工作的比例占总受访者人数的 12.60，在规模为 250～499 人的单位工作的比例为 2.04%，在规模为 500 人以上的单位工作的比例为 12.28%。

表 4－11　　当前工作的单位规模

单位规模	人数（人）	百分比（%）
1 人	92	7.29
2～7 人	316	25.04
8～19 人	166	13.15
20～49 人	175	13.87

续表

单位规模	人数（人）	百分比（%）
50～99 人	148	11.73
100～249 人	159	12.60
250～499 人	51	4.04
500 人以上	155	12.28
总计	1262	100

4.3.5　工作性质（体力/脑力）

工作中使用体力的情况可以反映当前工作的性质。用 1 表示完全不需要体力，10 表示需要使用重体力，图 4－12 显示了受访者的当前工作的体力使用的分布状况。可以发现，体力需要的分布比较接近正态分布，相当一部分劳动者的工作仅需要中等体力，大部分劳动者的工作对体力的要求不超过中等程度。这有助于将工作强度维持在相对合理的水平，有助于延长劳动者的劳动年限。

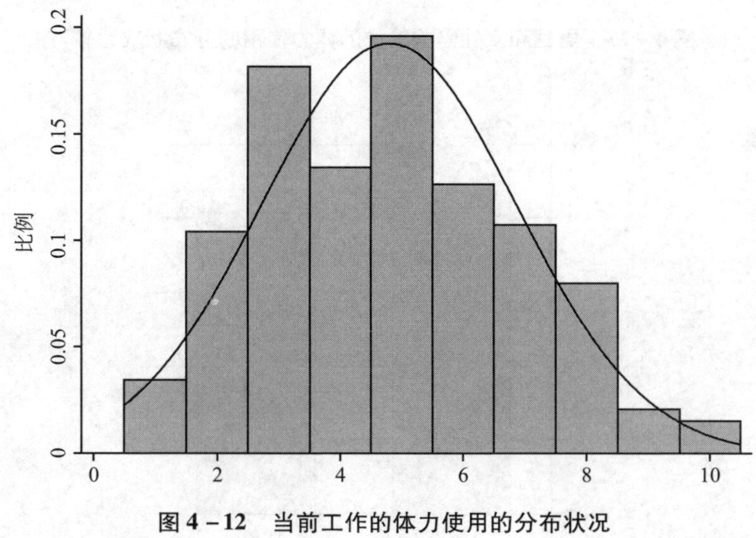

图 4－12　当前工作的体力使用的分布状况

分性别来看，男性的工作对体力需求的分布状况与女性相比更接近正态分布，中等体力要求的工作占比最高，低于中等体力的工作和高于中等比例的工作基本上呈对称分布。与男性相比，女性所从事的工作对体力的要求相对比较低（见图4－13）。图4－14更突出地呈现了这一点：所有男性的工作体力要求的平均值为5.3，略高于中等程度；而所有女性的工作体力要求为4.1，低于中等强度。二者的差距接近30%。

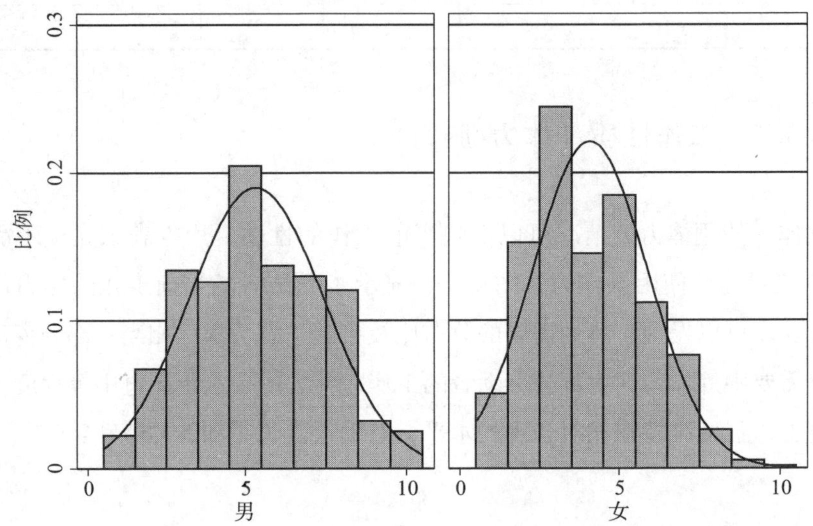

图4－13　男性和女性当前工作的体力使用的分布状况比较

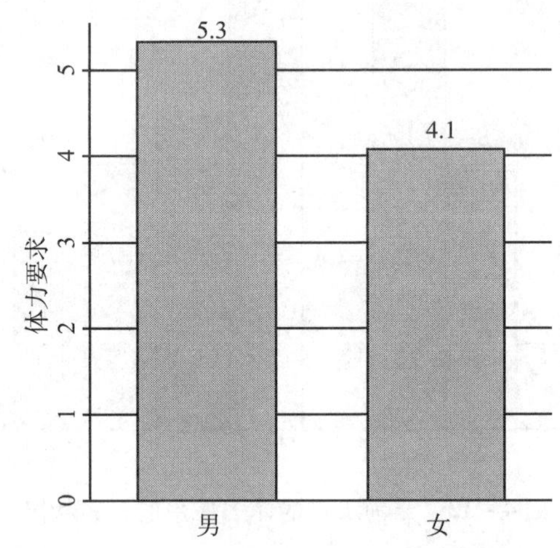

图4－14　男性和女性当前工作对体力要求的差异

图 4 - 15 呈现了不同教育程度的劳动者所从事的工作对体力的要求状况。由图 4 - 15 可以很明显地发现，工作对体力的需求程度随着教育程度的提高而下降，小学及以下学历的劳动者所从事的工作对体力的要求最高，超过了中等强度；初中学历的劳动者所从事的工作对体力的要求与小学及以下学历的劳动者相比相对较低，但仍达 5. 5，超过了中等强度；高中学历的劳动者所从事的工作对体力的要求比初中学历要低，但仍高于中等强度；大专学历的劳动者所从事的工作对体力要求较低，且低于中等强度；本科及以上学历的劳动者所从事的工作对体力的要求最低。

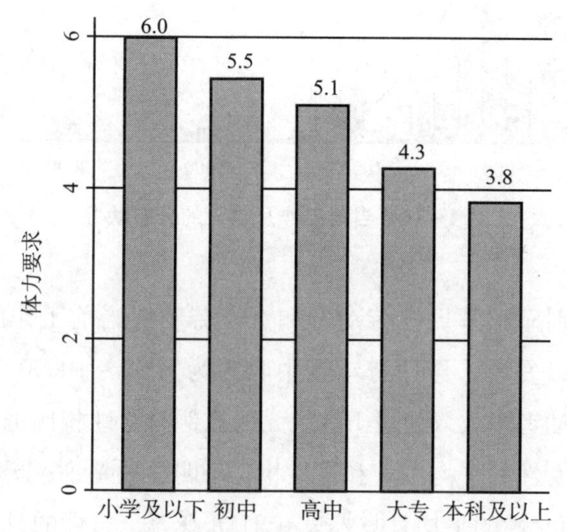

图 4 - 15　不同教育程度劳动者所从事工作的体力要求

4. 3. 6　工资收入

图 4 - 16 显示了当前工作月收入的分布状况，可以发现，绝大多数的劳动者的月工资为 0 ~ 5000 元，少数劳动者的工资为 5000 ~ 10000 元，极少数劳动者的工资高于 10000 元。

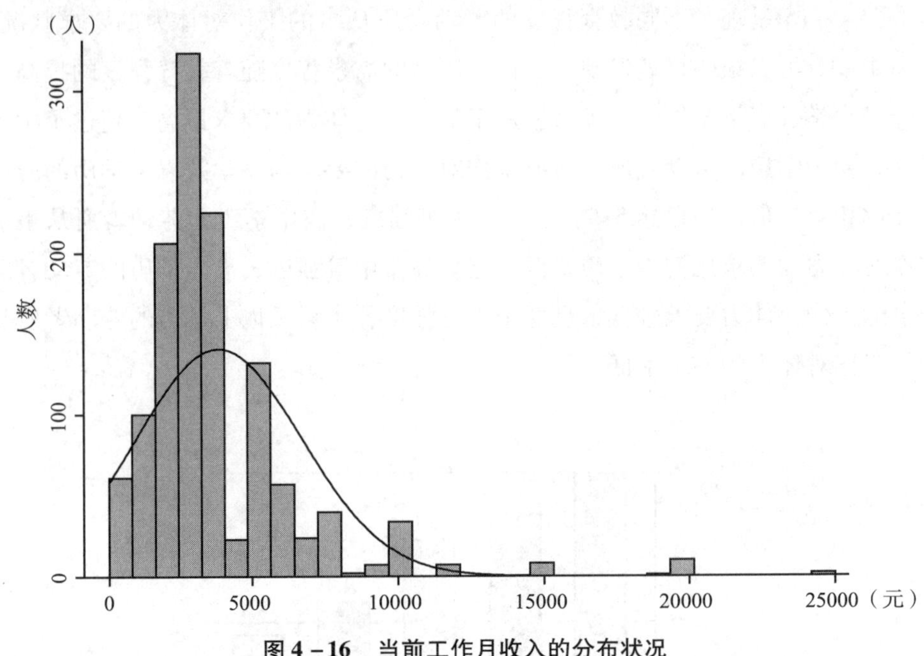

图 4－16　当前工作月收入的分布状况

图 4－17 分别显示了男性劳动者和女性劳动者当前工作的月收入分布情况。通过对比可以发现，男性劳动者中收入为 5000～10000 的占比要高于女性，而且男性劳动者中收入超过 10000 元的比例与女性相比也相对较高。反映在平均工资上，女性的平均工资和男性相比有明显的差别：男性的平均月工资达 4362. 8 元，而女性的平均月收入只有 3118. 9 元，男性的月收入比女性高出了 40% 左右，如图 4－18 所示。

从户籍的角度看，图 4－19 表明，农业户口的劳动者的月收入为 3568. 9 元，非农业户籍的劳动者的月收入为 3999. 8 元，农业户籍劳动者的月收入比非农业户籍的月收入高 12. 1%，差距相当明显。

分年龄段来看，图 4－20 表明，月工资随着年龄的增加先提高再降低。由于工作经验比较少，所以 20 岁以下的劳动者的月工资最低，不到 2000 元；与之相比，20～30 岁年龄段的劳动者的平均月收入接近 4000 元，增加幅度相当明显；30～40 岁的劳动者的月工资最高，接近 4500 元。之后随着年龄的增加，月工资逐渐下降；不过，值得注意的是，60 岁以上的劳动者仍然可以获得超过 2000 元以上的月工资。

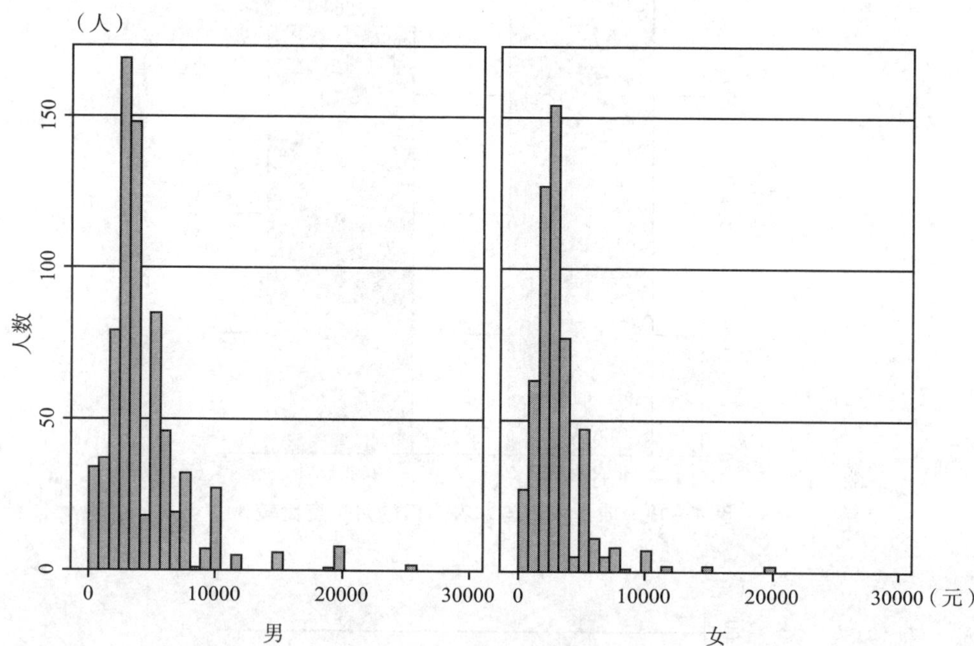

图 4－17　男性和女性当前工作月收入的分布状况

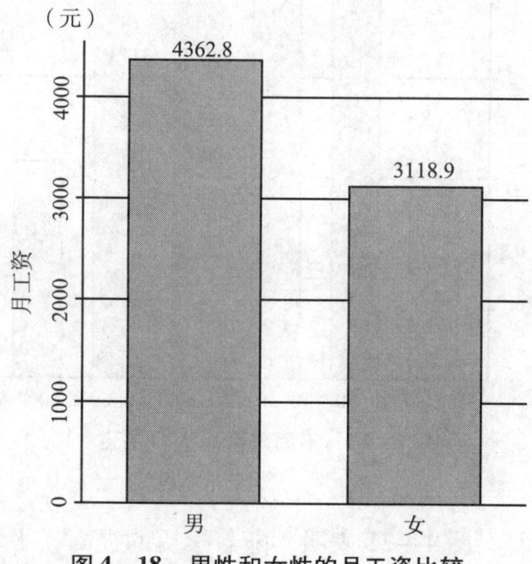

图 4－18　男性和女性的月工资比较

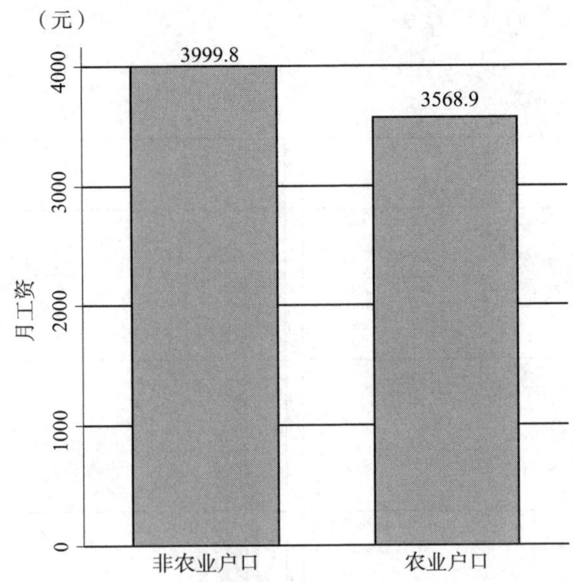

图 4-19　农业户口与非农户口的月工资比较

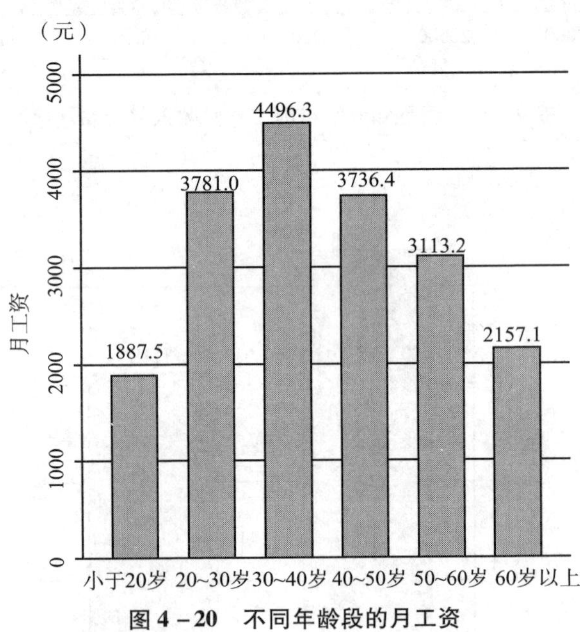

图 4-20　不同年龄段的月工资

从教育程度来看，图 4-21 表明，随着学历的提高，平均月收入也在逐步提高，教育投资在劳动力市场上的作用比较显著。小学及以下学历的劳动者的月收入最低，不到 2500 元；初中学历的劳动者的月工资接近 3500 元；增幅比较明显；而高中学历的劳动者的月收入仅略高于初中学历的劳动者，二者的差异极小；与高中学历相比，高中以上学历的劳动者的月工资增幅明显，达 4403. 8 元。

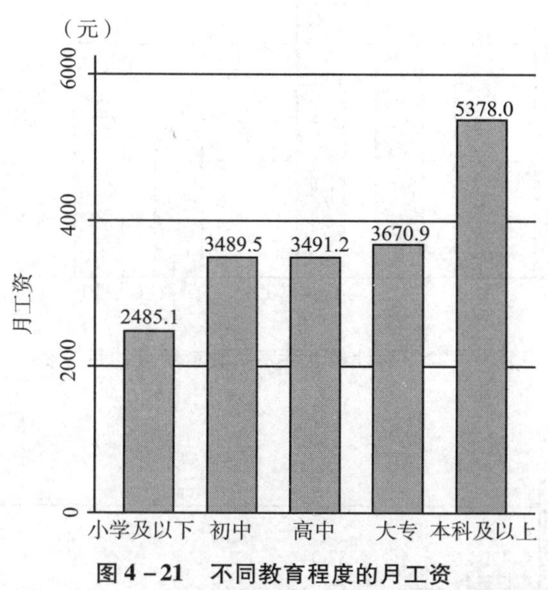

图 4－21　不同教育程度的月工资

分性别看，比较不同教育程度的工资可以发现（见图 4－22），对于女性来说，随着教育程度的提升，月工资在稳步提升；但是对于男性来说，高中学历的劳动者的月工资低于初中学历的劳动者的月工资。从整体上看，男性的月工资也随着教育程度的提高而提高，特别是本科及以上学历的劳动力的月工资远远高于其他群体。比较男性和女性不同教育程度的月工资差别可以发现，大体上讲，教育对女性月工资的影响相对较小，而对男性工资的提升作用比较明显。

图 4－23 呈现了随着劳动强度的变化月工资的变化情况，大体上讲，工作对体力的要求越高，其回报越低。其中，体力要求最低的工作的月工资最高，超过了 5000 元；但是比较例外的是，对体力要求最高的工作的月工资也非常高，仅次于对体力要求最低的工作。这说明体力要求比较高、劳动强度比较大

的工作在劳动力市场上的回报非常高。

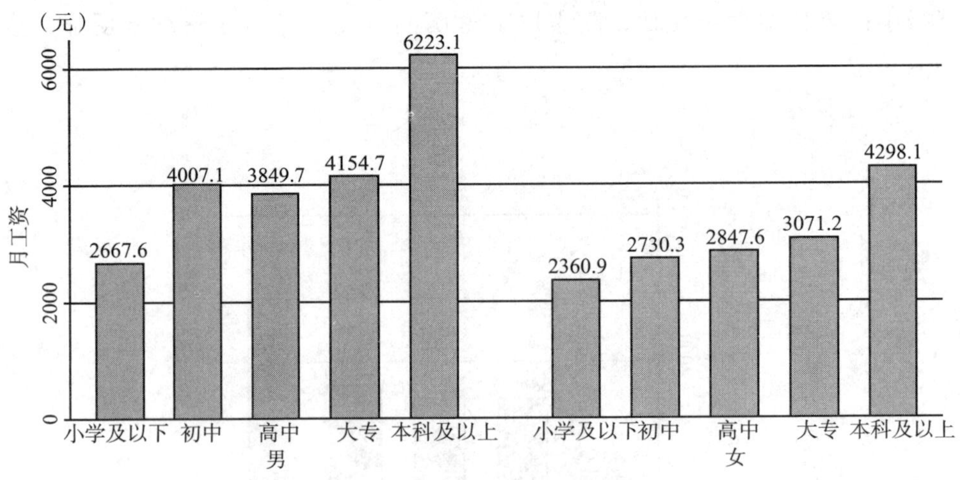

图 4－22　男性和女性不同教育程度的月工资

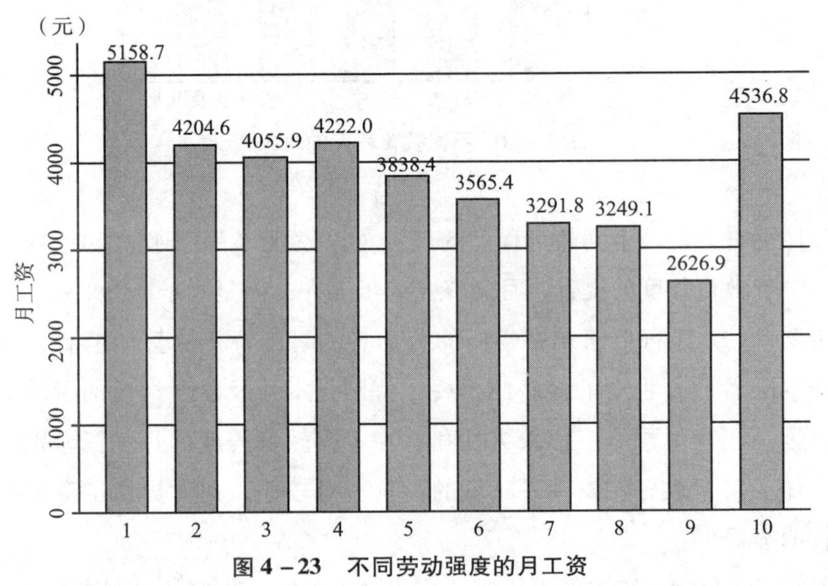

图 4－23　不同劳动强度的月工资

表 4－12 显示了不同单位类型劳动者的平均月收入的对比。其中，在外商投资企业就业的劳动者平均月收入最高，接近 5000 元/月；其次是机关团体事

业单位和国有及国有控股企业，月平均收入都超过了4000元/月；月平均收入最低的是民办非企业单位，月平均收入不到3000元/月。

表4－12　不同单位类型的月收入

单位类型	人数（人）	平均月收入（元）
私营企业	471	3972.6
个体工商户	287	3556.3
国有及国有控股企业	173	4059.2
机关团体事业单位	163	4155.5
外商投资企业	22	4836.4
集体企业	19	2946.1
民办非企业单位	12	2883.3
港澳台投资企业	3	3000.0
其他	113	3211.0

表4－13反映了不同行业类型劳动者的平均月收入的对比情况。其中，月平均收入最高的行业是采矿业和国际组织，其平均月收入都为6000元，由于属于这两个行业的受访者分别都仅有1人，所以可能不具有代表性。在受访者超过10人的行业中，平均月收入最高的是科学研究和技术服务业，达5850元，其次分别为房地产业和金融业，月平均收入分别为5273.8元和5402.0元。月平均收入最低的行业为居民服务、修理和其他服务业，月平均收入不到3000元。在受访者超过10人的行业中，月平均收入最高的行业的平均收入是月平均收入最低行业的月平均收入的两倍左右。

表4－13　不同行业类型的月收入

行业类型	人数（人）	月平均收入（元）
批发和零售业	281	3385
居民服务、修理和其他服务业	159	2988.2
制造业	119	3640.3

续表

行业类型	人数（人）	月平均收入（元）
住宿和餐饮业	112	3704.5
建筑业	96	4871.9
交通运输、仓储和邮政业	87	3742.5
教育	75	4099.3
公共管理、社会保障和社会组织	54	3554.7
金融业	51	5402.0
卫生和社会工作	43	3707.0
信息传输、软件和信息技术服务业	40	4282.5
电力、热力、燃气及水生产和供应业	30	4640
文化、体育和娱乐业	30	3973.3
房地产业	21	5723.8
租赁和商务服务业	19	4926.3
科学研究和技术服务业	12	5850
水利、环境和公共设施管理业	12	3575
水、林、牧、渔业	10	3950
采矿业	1	6000
国际组织	1	6000

表4－14反映了不同工作身份劳动者的平均月收入的对比情况。其中，月平均收入最高的是私营企业雇主，月平均收入超过了10000元；紧随其后的是分包商和私营企业合伙人，月平均收入分别为8000元和5500元；月平均收入最低的是自营劳动者和家庭帮工，月平均收入都不到3000元。

表4－14　　不同工作身份的月收入对比

工作身份	人数（人）	月平均收入（元）
单位或公司雇员	722	3747.3
个体工商户	213	3763.7

续表

工作身份	人数（人）	月平均收入（元）
机关（事业）单位正式职工	128	4848.0
自由职业	58	3550
自营劳动者	28	2946.4
家庭帮工	15	2586.7
私营企业雇主	13	10038.5
电商（网店、微商等）	10	3310.0
私营企业合伙人	6	5500.0
分包商	1	8000.0
其他	69	5.46

4.4　劳动力供给状况

4.4.1　整体状况

从每周工作的天数来看，整体来看每周工作的平均天数为 5.9 天，接近 6 天。从分布情况来看，如图 4 – 24 所示，绝大多数人每周工作的天数为 5 ~ 7 天，占比为 62.63%；相当一部分劳动者每周的工作时间达 6 天或 6 天以上，没有实现双休，其中 32.86% 的劳动者每周的工作时间达 7 天。

从每天的工作小时数来看，整体而言，受访者在受访前一个月平均每天工作超过 8 个小时。从分布情况来看，如图 4 – 25 所示，70.5% 的劳动者每天的工作时间为 8 个小时或 8 个小时以下，接近 30% 的劳动者每天的工作时间超过 8 个小时，其中有将近 10% 的劳动者每天的工作时间超过了 10 个小时。

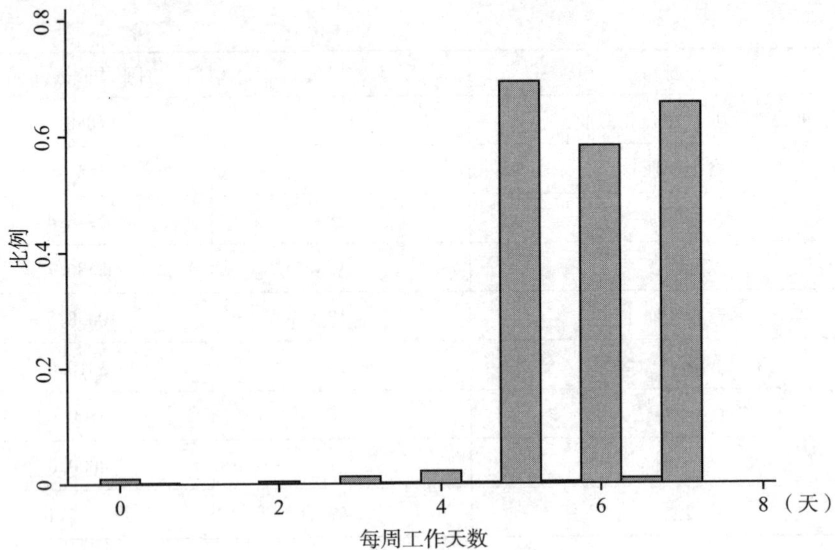

图 4-24　每周工作天数的分布状况

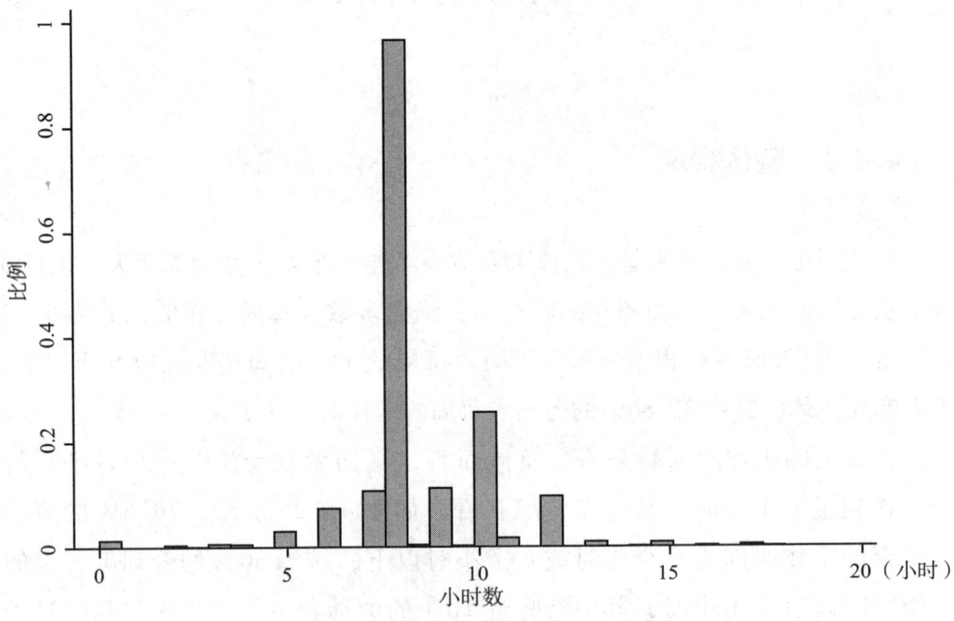

图 4-25　每天工作的小时数分布状况

4.4.2　劳动力供给的性别差异

从工作时间上来看，男性劳动者和女性劳动者没有明显的差异。男性劳动者和女性劳动者每周平均的工作天数都为 6 天；从每天的工作小时数来看，男性劳动者平均每天工作 8.51 小时，女性劳动者平均每天工作 8.29 小时，男性劳动者每天的工作时长略高，但是二者的差异很小。

4.5　劳动关系和劳动权益

4.5.1　劳动合同状况

劳动合同有利于避免或减少劳动争议。劳动合同明确规定劳动者和用人单位的权利义务，这既是对合同主体双方的保障又是一种约束，有助于提高双方履行合同的自觉性，促使双方正确行使权利、严格履行义务。因为劳动合同的订立和履行有利于避免或减少劳动争议的发生，有利于稳定劳动关系。

图 4－26 反映了不同教育程度的劳动者签订劳动合同的比例。从劳动者的教育程度来看，小学及以下学历、初中学历、高中学历、高中、大专、本科及以下学历的劳动者与就业单位签订劳动合同的比例分别为 57.7%、48.0%、68.2%、77.2%、84.8%。大体上讲，随着学历层次的提高，与就业单位签订劳动合同的比例也逐渐提高，但是初中学历的劳动者签订就业合同的比例低于小学及小学以下学历的劳动者。

图 4－27 反映了不同户籍的劳动者签订劳动合同的比例，可以发现，二者存在明显的差异，非农业户口的劳动者签订劳动合同的比例远远高于农业户口的劳动者，前者达 77.1%，后者仅为 54.5%。

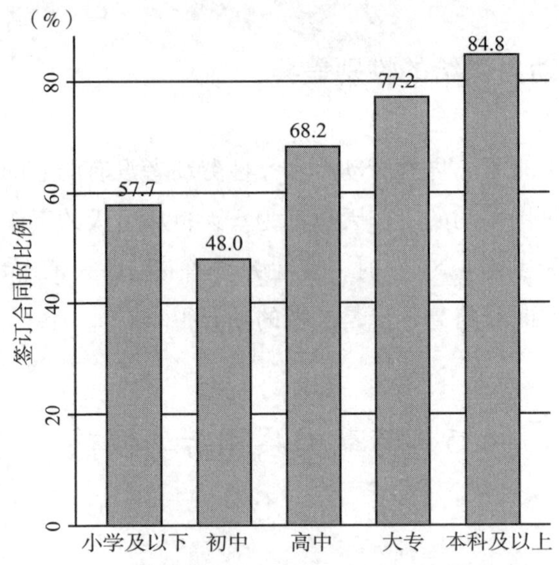

图 4-26　不同教育程度劳动者签订劳动合同的比例

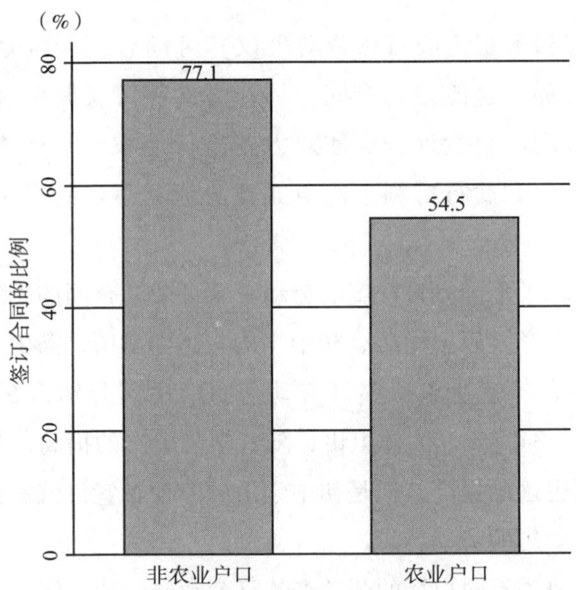

图 4-27　不同户籍的劳动者签订劳动合同的比例

图 4-28 反映了男性和女性劳动者签订劳动合同的比例，其中，男性劳动

者签订劳动合同的比例为 72.1%，女性劳动者签订劳动合同的比例为 69.4%，前者略高于后者，但是二者的差距并不大。

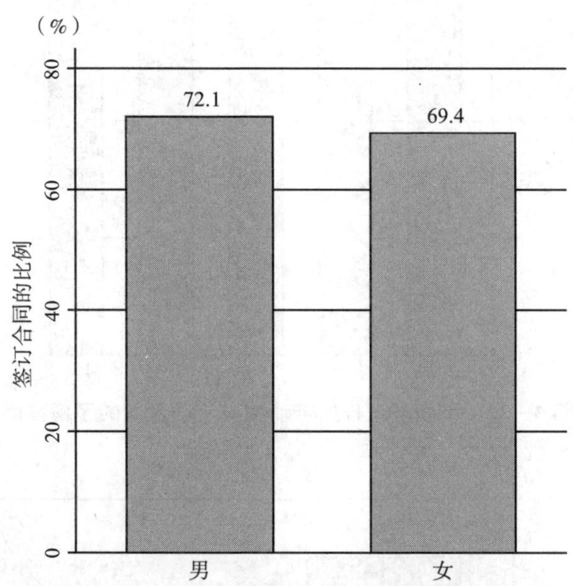

图 4－28　男性和女性劳动者签订劳动合同的比例

在调查中，我们将劳动者对劳动合同的了解程度分成了 1 至 5 个等级，其中 1 表示完全不了解，5 表示非常了解。在 603 个与劳动单位签订劳动合同的劳动者中，对合同的平均了解程度为 3.49，介于“一般”和“比较了解”之间。图 4－29 反映了不同教育程度的劳动者对于劳动合同的了解比例，可以发现，小学及以下学历的劳动者对劳动合同的了解程度最低，本科及以上的劳动者对劳动合同的了解程度最高。整体上看，随着教育程度的提高，劳动者对劳动合同的了解程度也在提高。

图 4－30 反映了不同户籍的劳动者对劳动合同的了解程度的差异，其中非农业户籍的劳动者对劳动合同的了解程度为 3.5，农业户籍的劳动者对劳动合同的了解程度为 3.3，前者略高于后者，但是二者的差别不大。

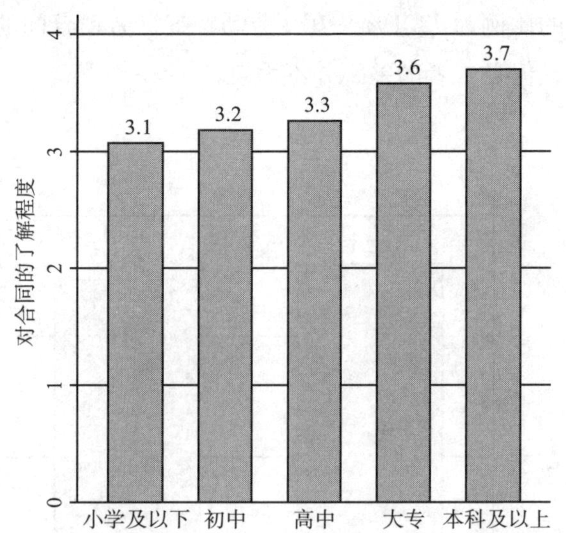

图 4-29 不同教育程度劳动者对劳动合同的了解程度

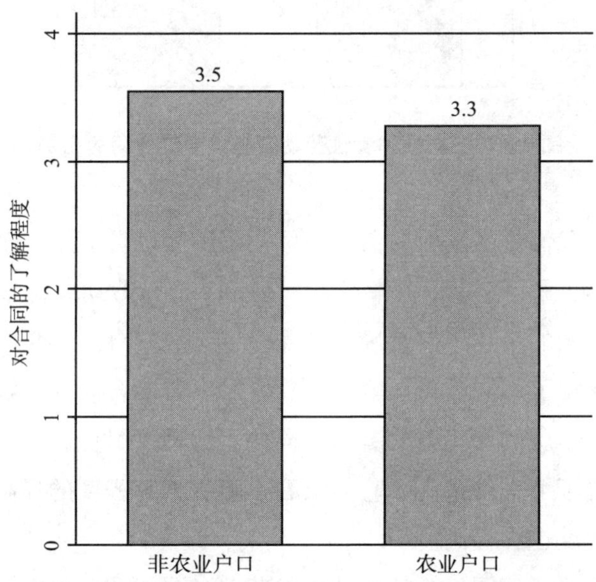

图 4-30 不同户籍的劳动者对劳动合同的了解程度

从性别的角度看，男性和女性对合同的平均了解程度分别为 3.5 和 3.4，如图 4-31 所示。平均而言，男性比女性更了解劳动合同的内容，但是二者的差距不大。

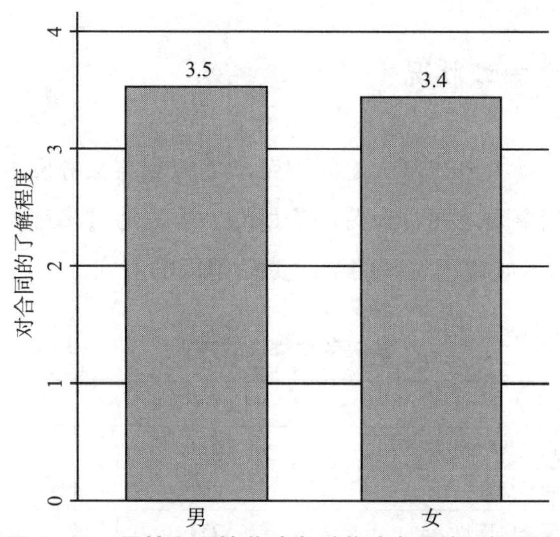

图 4-31　男性和女性劳动者对劳动合同的了解程度

图 4-32 反映了不同学历层次的劳动者对劳动合同的了解程度的差异。可以明显看出，对合同的了解程度与教育程度正相关：本科及以上学历的劳动者对合同内容的了解程度最高，达 3.7；小学及以下学历的劳动者对合同内容的了解程度最低，只有 3.1。

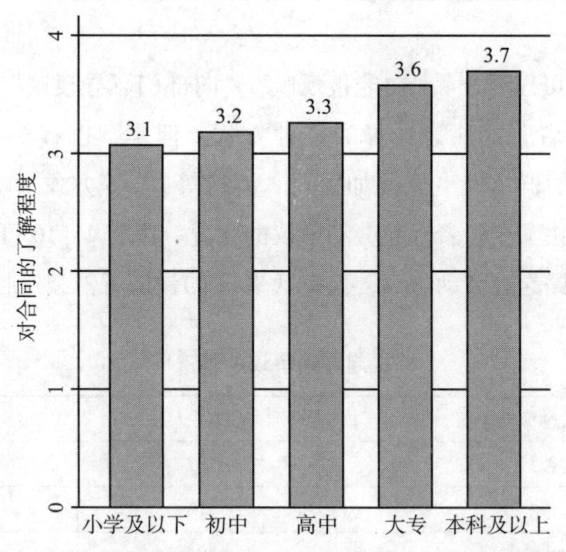

图 4-32　不同教育程度的劳动者对劳动合同的了解程度

4.5.2 劳动争议状况

劳动争议指劳动关系当事人之间因劳动的权利与义务发生分歧而引起的争议。当劳动关系当事人之间存在劳动争议时，可以通过多种渠道进行解决。表4－15反映了受访者倾向于选择的解决劳动争议的方式。

表4－15　　解决劳动争议的方式

解决方式	人数（人）	百分比（%）
向老板反映	359	24.76
向部门领导反映	282	19.45
向劳动监察部门反映	238	16.41
辞职	186	12.83
向人力资源部门反映	183	12.62
向工会反映	77	5.31
提起劳动争议	39	2.69
参加群体性事件（如罢工、游行等）	2	0.14
其他	84	5.79
总计	1450	100

由表4－15可以看出，“向老板反映”“向部门领导反映”“向劳动监察部门反映”是受访者普遍愿意选择的三种方式。但是，也有一些劳动者会选择“辞职”或“参加群体性事件（如罢工、游行等）”等方式来解决劳动争议。

表4－16反映了受访者提起劳动争议的状况。由表4－16可以看出，绝大多数受访者都没有提起过劳动争议，仅有0.90%的受访者曾经提起过劳动争议。

表4－16　　提起劳动争议的情况

是否提起过劳动争议	人数（人）	百分比（%）
否	1437	99.10
是	13	0.90
总计	295	100

表 4－17 反映了提起劳动争议的原因。由表 4－17 可以看出，在 13 位提起劳动争议的受访者中，最主要的原因是“工资拖欠”，其他原因依次为“劳动报酬和待遇”“社会保险和福利”等。

表 4－17　　提起劳动争议的原因

提起劳动争议的原因	人数（人）	百分比（%）
工资拖欠	4	30.77
劳动报酬和劳动待遇	3	23.08
社会保险和福利	3	23.08
订立、履行、变更、解除或终止劳动合同	1	7.69
除名、辞退和辞职、离职	1	7.69
工作时间、休息休假	1	7.69
总计	13	100

表 4－18 反映了曾经提起过劳动争议的 13 位受访者解决劳动争议的方式。其中，协商和调解是最主要的解决方式，其次是仲裁和诉讼，不过也有一些受访者没有寻求解决劳动争议。

表 4－18　　劳动争议的解决方式

劳动争议的解决方式	人数（人）
协商	4
调解	4
仲裁	3
诉讼	2
未寻求解决	2
其他	1

表 4－19 反映了曾经提起过劳动争议的 13 位受访者对解决结果的满意状况。由表 4－19 可以看出，超过一半的受访者对劳动争议的解决结果不满意；

30.77%的受访者对劳动争议的解决结果感觉一般；仅有15.38%的受访者对劳动争议的解决结果比较满意。

表4-19　　劳动争议结果的满意状况

当前工作的满意状况	人数（人）	百分比（%）
比较满意	2	15.38
一般	4	30.77
不太满意	2	15.38
非常不满意	5	38.46
总计	13	100

4.5.3　工会参与状况

工会的设立对于维护劳动者的合法权益、保护和调动劳动者的工作积极性、建立稳定和谐的劳动关系具有重要的作用。

表4-20反映了劳动者所在工作单位的工会设立情况。由表4-20可以看出，仅有23.36%的劳动者所在单位设立了工会，超过一半的劳动者所在单位没有设立工会，还有18.69%的劳动者不清楚单位是否设立了工会。

表4-20　　工会设立状况

工作单位是否有工会	人数（人）	百分比（%）
有	295	23.36
没有	732	57.96
不清楚	236	18.69
总计	1263	100

表4-21反映了所属单位设立了工会的劳动者参与工会的状况。在295位所属单位设立了工会的劳动者中，217人参加了工会，占比为73.56%；68人没有参加工会，占比为23.05%；有10人不知道自己是否是工会成员，占比为3.39%。

表 4 – 21　　工会参与状况

是否参加工会	人数（人）	百分比（%）
是	217	73.56
不是	68	23.05
不清楚	10	3.39
总计	295	100

4.5.4　工会的作用

表 4 – 22 反映了所属单位设立了工会的劳动者对所属单位工会的作用的看法。由表 4 – 22 可以看出，绝大多数劳动者都认为所属单位工会在某些方面发挥了一定的作用。其中，单位工会发挥的三个最主要的作用是“组织集体活动”“帮助员工与雇主协商工资报酬和待遇等事宜”“帮助员工维权”；但是也有 7.80% 的劳动者认为所属单位工会没发挥什么作用。

表 4 – 22　　所属单位的工会发挥的作用

工会的作用	人数（人）	百分比（%）
组织集体活动	58	19.66
帮助员工与雇主协商工资报酬和待遇等事宜	56	18.98
帮助员工维权	53	17.97
听取和反映员工的意见和要求	26	8.81
为困难员工提供援助	24	8.14
发放节假日福利	23	7.80
没什么用	23	7.80
帮助员工与雇主签订劳动合同	17	5.76
调节劳动争议	11	3.73
其他	4	1.36
总计	295	100

4.5.5 劳动力市场的歧视

表 4 - 23 反映了劳动者在工作单位受到歧视的状况。由表 4 - 23 可以看出，绝大多数受访者在工作单位没有受到歧视，仅有 0.40% 的受访者在工作单位曾经受到过歧视。

表 4 - 23　　在工作单位受歧视的状况

在工作单位是否受到歧视	人数（人）	百分比（%）
受到了歧视	5	0.40
没有受到歧视	1258	99.60
总计	1263	100

如表 4 - 24 所示，5 位在工作单位受到歧视的受访者中，有 1 位受访者受到学历歧视，但是没有受访者受到年龄、性别、户籍、地区等歧视；此外，还有 4 位受访者受到其他类型的歧视。

表 4 - 24　　受到的歧视类型

当前工作的满意状况	人数（人）	百分比（%）
学历歧视	1	20
年龄歧视	0	0
性别歧视	0	0
户籍歧视	0	0
地域歧视	0	0
其他歧视	4	80
总计	5	100

4.6　工作满意度

在调查中，我们对劳动者对当前工作的满意程度进行了量化。其中，1 表示“非常不满意”，5 表示“非常满意”。整体来看，所有劳动者的平均满意程度为 3.47，介于“一般”和“满意”之间。

表 4－25 反映了工作满意度的整体分布情况，2.25% 的劳动者对工作非常满意，56.91% 的劳动者对当前的工作满意，26.45% 的劳动者对当前工作的满意度一般；14.39% 的劳动者对当前的工作不满意，其中 13.34% 的劳动者对当前的工作不太满意，1.05% 的劳动者对当前的工作非常不满意。

表 4－25　工作满意度的整体分布

当前工作的满意状况	人数（人）	百分比（%）
非常满意	28	2.25
满意	708	56.91
一般	329	26.45
不太满意	166	13.34
非常不满意	13	1.05

图 4－33 反映了男性与女性的工作满意度的差别。由图 4－33 可以看出，男性和女性的平均满意度都介于“一般”和“满意”之间，二者分别为 3.4 和 3.5；男性的工作满意度略低于女性，但是二者的差别不大。

图 4－34 反映了不同户籍的劳动者工作满意度的差别。由图 4－34 可以看出，农业户口和非农业户口劳动者的平均满意度都介于“一般”和“满意”之间，二者分别为 3.4 和 3.5；非农业户籍的劳动者的工作满意度略高于农业户籍的劳动者，但是二者的差别不大。

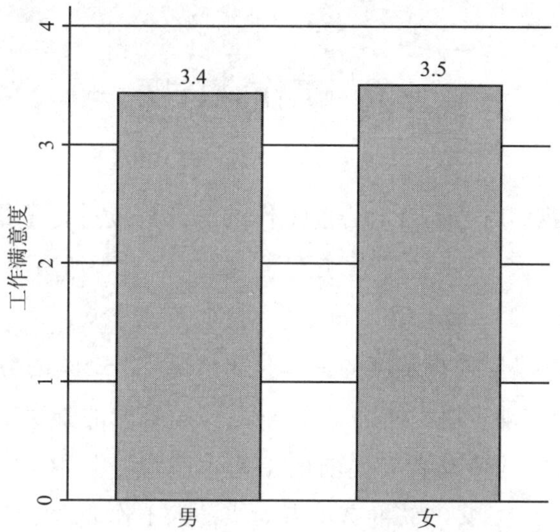

图 4－33　男性与女性的工作满意度比较

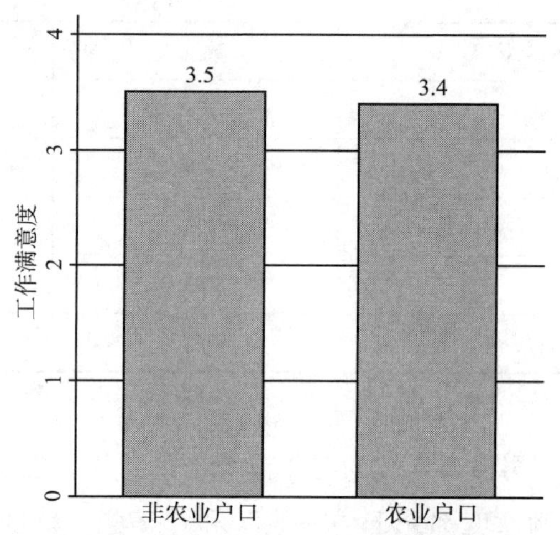

图 4－34　不同户口类型的工作满意度

表 4－26 反映了平均月收入和工作满意度之间的关系。由表 4－26 可以明显看出，工作满意度和平均月收入之间的关系非常突出：工作满意度随着平均月收入的增加而逐步提升。

表 4－26　　平均月收入和工作满意度

当前工作的满意状况	人数（人）	平均月收入（元）
非常满意	28	6346.7
满意	708	4144.9
一般	329	3398.5
不太满意	166	3186.4
非常不满意	13	2416.7

除了月收入之外，工作强度也是影响工作满意度的一个重要因素。表 4－27 反映了工作满意度与当前工作对体力使用情况之间的关系。由表 4－27 可以看出，二者呈现出突出的负相关关系：对工作非常满意的劳动者平均而言劳动强度最低；对工作非常不满意的劳动者平均而言体力使用程度最高。

表 4－27　　工作强度和工作满意度

当前工作的满意状况	人数（人）	体力使用程度
非常满意	28	3.64
满意	708	4.52
一般	329	5.18
不太满意	166	5.25
非常不满意	13	6.36

4.7　政策建议

针对调查中出现的问题，我们提出以下几方面的建议，以进一步完善武汉市的劳动力市场。

4.7.1　提高劳动参与率，充分发挥人力资源的潜力

武汉城镇常住人口的劳动参与率水平与发达国家有差距，需要密切关注。

在经济水平比较发达和社会保障相对稳定的国家，其劳动参与率一般保持在65%～70%。目前，武汉经济正保持较快发展，需要吸引更多劳动力就业；但从近年的劳动参与率来看，劳动者的参与积极性并没有全部发挥出来，同时可能还存在结构性失业的问题。在今后一段时期内，武汉要建成国家中心城市、国际化大都市，仍需继续提高劳动参与率，扩大并发挥人力资源来源和潜力，满足社会经济发展需要。

首先，从社会发展上看，经济的快速发展需要保证一定程度的劳动参与率，从而保证社会经济的正常发展。合理的劳动参与率需要加强政策激励和就业服务，减少劳动力的退出行为，劳动力退出市场比劳动者失业更不利于再就业的实现。实行激励积极参与就业的政策，并提供完善的公共就业服务，有利于增强劳动者的就业信心，实现个人就业愿望和社会人力资源对经济发展的支撑。

其次，还需要大力发展教育事业，提高教育普及程度，特别是职业教育。目前，部分劳动者素质不能达到岗位的要求，造成一部分对劳动者技能要求不高的岗位的劳动力供给过剩；但另一些岗位却空缺，招不到合适的人才，比如高科技人才、高级职称和执业资格人员等。因此，只能通过大力发展教育事业，提高教育普及程度，并提高职业教育的水平，提高劳动者的总体素质，满足各类专业技术岗位对劳动力的需求。

最后，在政策引导中，要围绕目标群体增强就业政策的针对性，有针对性地调整劳动参与率水平，促进就业和社会的发展。对于工资薪酬较低的弱势群体，可通过增加报酬从而提高其劳动参与率；对于因接受高等教育而延迟进入劳动力市场的青年，可通过专项就业政策和完善的就业服务帮助其积极进行就业准备和尽快进入劳动力市场。对于持有“性别歧视”或违反劳动法规定的企业，要严厉予以查处，积极引导社会形成男女平等就业的良好氛围。

4.7.2 助力女性就业，消除女性就业“隐形门槛”

在调查中我们发现，武汉市女性的劳动参与率不到50%，远远低于男性，男性仍是社会和家庭劳动参与的主要成员。由于女性相比男性更多地分担了家务劳动和子女看护等责任，一方面会造成女性自动地选择待在家中，承担家庭责任；另一方面，用人单位也会由于多种原因降低对女性劳动力的雇用意愿。

近年来，随着“二孩”政策的放开，不少女性选择离开职场、回归家庭，通常全职妈妈中断职场生涯的两三年，恰好是最为年轻力壮、处于职场上升期的两三年。然而离职容易回归难，心理门槛、技能缺失、职业门槛以及家人是否支持，这些都可能成为女性回归职场路上的阻碍。据媒体报道，在招聘会上，过去标注的“要求已婚已育”，有的现在升级成了“要求已婚、已二胎”，成了当前女性就业的“隐形门槛”。然而，据估计，现在一个小孩从出生到成人的培养成本已超过 70 万元，大多数家庭仅靠男方一人难以维系，逼得越来越多的全职妈妈改当“职业女性”。可是，社会却难以给她们提供这样的机会。

为更好地保障女性就业权，缓解生育与女性就业和职业发展的冲突，需要在我国女职工就业保护经验基础上，借鉴国外工作—家庭平衡政策与生育女性就业权保障经验，探索适合中国国情的女性就业权保障策略与措施。

首先，应该进一步贯彻落实男女平等就业原则，将已有反歧视法律中的各项原则尽快落到实处，如实施男女同工同酬，招聘、晋升、培训等坚持男女平等原则等，增强女性就业权保障制度的可操作性。

其次，进一步完善生育保障制度。在“全面二孩”政策背景下，为了保障女性的就业权，消除隐性的就业歧视，应该进一步完善生育保障制度，与“全面二孩”政策相适应。一方面，设置灵活的产假制度，减少产假对女性就业选择的限制；另一方面，政府应根据雇用女职工人数给予企业一定的生育保险补贴，降低企业雇用女性的成本，减轻就业性别歧视。

再次，政府、用人单位、家庭共担责任。政府一方面最大限度地提供质高价廉、方便可及的托幼服务；另一方面通过税收优惠/雇用补贴及合理的贷款优惠等，减轻用人单位尤其是中小企业雇用女性的负担。用人单位在工作允许的情况下提供灵活的工作时间和办公方式，如错峰上下班、在家办公，不仅能保障女性权益，也能增强企业在劳动力市场的竞争力，还可以缓解交通压力。家庭中的男性更多承担婴幼儿照顾和教育培养责任，给女性更多的时间和精力参与社会生产。

最后，增加女性人力资本投资。为生育女性提供更多的培训机会和职业指导，培训内容和方式针对女性的个人需求与工作需求，适当考虑照顾婴幼儿的特殊需求。女性一方面要做好生育安排，另一方面要做好职业发展规划，注重个人能力提升和人力资本的保值增值。

4.7.3 吸引优秀高学历人才，将“留下来”工程落到实处

年轻人代表着未来，武汉的发展离不开优秀年轻人的加入。留住更多大学生，将提高年轻人的人口占比，城市会更有活力和竞争力。然而，在武汉市的劳动力市场中，本科及以上学历的劳动者占比仅为20%左右，远远低于北上广深等大城市。武汉是一座教育之城，是中国高等人才的重要产地。数据显示，武汉拥有89所高等院校，包括武大、华科等7所重点高校，每年在校生人数突破百万人，居全球之最。但武汉的人才流失一直相当严重。以2014年的数据为例，当年武汉市应届毕业生人数为30万人，只有10万人选择留在武汉，其余2/3基本流向沿海地区。2016年最新的数据显示：留汉大学生上升至15万人，但武汉依然是人才“输出地”。

2017年，武汉市启动了“百万大学生留汉创业就业计划”之“留下来”工程，定下“5年留下100万大学生”的总体目标。但是，面临北上广深等大城市的激烈人才竞争，要实现这一目标并不容易。

首先应该降低大学生的落户门槛，放宽大学生的落户条件。为吸引更多大学生留汉，应该采取补贴、公寓配租、供岗、竞赛等措施，降低大学生的落户门槛，落实基层就业生活补贴，配合做好大学生人才公寓统一配租，为大学生在武汉生活创造宜居的环境。通过设立人才公寓建设基金的形式，制定优惠支持政策，加大人才公寓用地供应，采取政府新建、购买、租赁及商品房配建、支持用人单位筹建等方式，扩大人才公寓的建设规模。

其次，对于在汉创业大学生，武汉市政府应加大创业扶持力度，落实创业培训补贴、一次性创业补贴等优惠政策，探索制定大学生创业企业社保费和税费资助扶持政策。支持高校成立创业学院或创业俱乐部，组织创业导师进校园开展创业辅导。

再次，设立大学生创业贷款担保基金，为在校或毕业 5 年内的大学生创业企业提供无抵押担保贷款，加大创业融资支持。扩大“青桐基金”等政府性创业基金规模，引导其他各类创业投资基金积极参与，加大向大学生创业企业投资的力度。各区要设立天使投资基金或种子基金，专门用于扶持大学生创新创业。

最后，优化创业就业环境。加强大学生创业就业工作的组织领导，明确政府各职能部门的工作职责，将有关工作任务纳入市绩效管理和领导干部年度考评体系。通过政府宏观调控和政策引导，保持武汉房价、生活成本、基础教育、城市活力等比较优势，稳定大学生对留汉宜居、宜业、宜创的良好预期。深化政务服务改革，强化政策落实，大力推进办事流程简化优化和服务方式创新，建设武汉市大学生创业就业服务中心、服务专窗，建立统一的信息化服务平台，方便大学生办事和留汉创业就业。

4.8 小　　结

在本章，我们对劳动者的教育程度、年龄分布、劳动强度、劳动力供给状况等进行了较为全面的分析。我们发现，女性的劳动参与率远低于男性，随着“二孩”政策的深入推进，如何提高女性的劳动参与率是决策者应该着重关注的问题。此外我们还注意到，在武汉市的劳动力市场中，本科及以上的高学历劳动者的比例较低，因此，武汉要实现更好的发展，应该想方设法留住高层次的人才。从劳动者的收入来看，行业之间的差距比较大，因此，如何通过再分配政策合理调整不同行业的收入差距，促进社会公平，也是一个非常值得思考的问题。

第 5 章　社会保障状况

5.1　养 老 保 险

城镇职工基本养老保险、城镇居民养老保险和新型农村养老保险是当前我国社会养老保险的主要组成部分，其构成我国社会养老保险体系的第一支柱。城镇职工养老保险的参保对象是城镇企业职工；城镇居民养老保险的参保对象是城镇未就业者和灵活就业者。新型农村养老保险的前身是老农保，于 2009 年《国务院关于开展新型农村社会养老保险试点的指导意见》颁布后开始建立。

5.1.1　三类养老保险的参与状况

如图 5 - 1 所示，20 ~ 59 岁居民中，城镇职工基本养老保险的参与率为 56.1%，城镇居民养老保险的参与率为 7.4%，新型农村养老保险的参与率为 9.5%；目前，尚有 27% 的居民未参与这三类养老保险。60 岁及以上居民中，城镇职工基本养老保险的参与率已达 82.1%，城镇居民养老保险的参与率为 2.4%，新型农村养老保险的参与率为 5.0%，还有 10.5% 的居民未参与这三类养老保险。说明 60 岁及以上居民第一支柱的养老保险总体参与情况优于 20 ~ 59 岁居民。

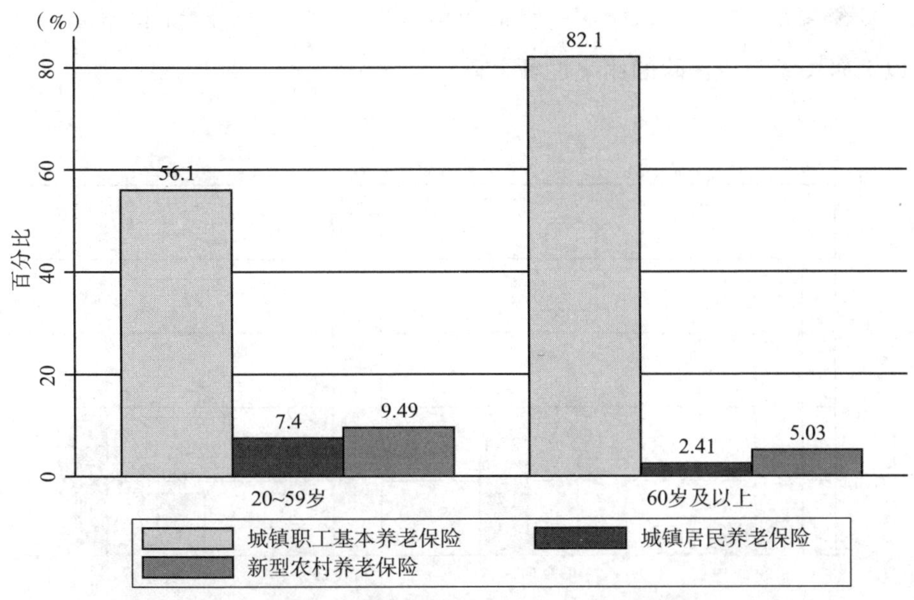

图 5－1　60 岁以下和 60 岁及以上居民三类养老保险参与率

进一步区分户口类型可以看出，农业户口和非农业户口居民参与三类养老保险的比率具有明显差异（见图5－2）。20～59 岁居民中，非农业户口者三类养老保险的参与率分别为 73.2%、8.4% 和 0.5%，参与率总和为 82.1%；农业户口者三类养老保险的参与率分别为 25.9%、5.6%、25.4%，参与率总和为 56.9%，与非农业户口者的总和参与率相比，低 20 多个百分点。60 岁及以上居民中，非农业户口者三类养老保险的参与率分别为 92.1%、2.3% 和 0%，参与率总和为 94.4%；农业户口者三类养老保险的参与率分别为 16.7%、3.0%、37.9%，参与率总和为 57.6%，与非农业户口者的总和参与率相比，低近 37 个百分点。这说明，无论是 60 岁以上还是 60 岁以下居民，非农业户口者在第一支柱养老保险参与中都明显优于农业户口者。当前，第一支柱的养老保险对于农业户口者的覆盖状况明显不足。

如图 5－3 所示，对于城镇职工基本养老保险而言，无论男性还是女性，参与该保险的比率在不同年龄间呈现“先增后减再增”的趋势。30～39 岁居民参与该保险的比率明显高于 20～29 岁居民，前者分别为 62.9% 和 54.9%，后者分别为 42.3% 和 48.2%；但是 40～49 岁居民参与该保险的比率却明显下降，且参与率在各年龄段中属于最低，男性为51.7%，女性为48.6%。50岁及以上居民参与该保险的比率逐渐上升。

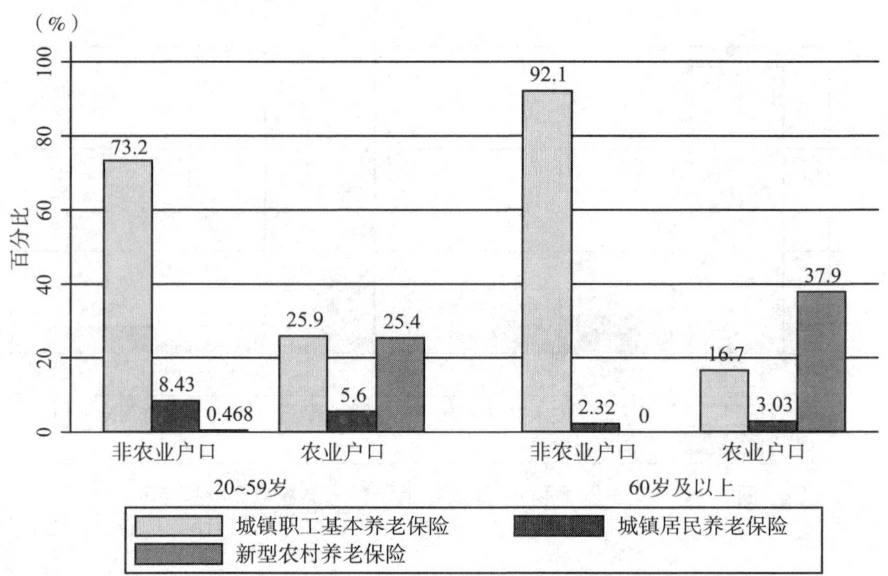

图5-2 分户口类型的三类养老保险参与率

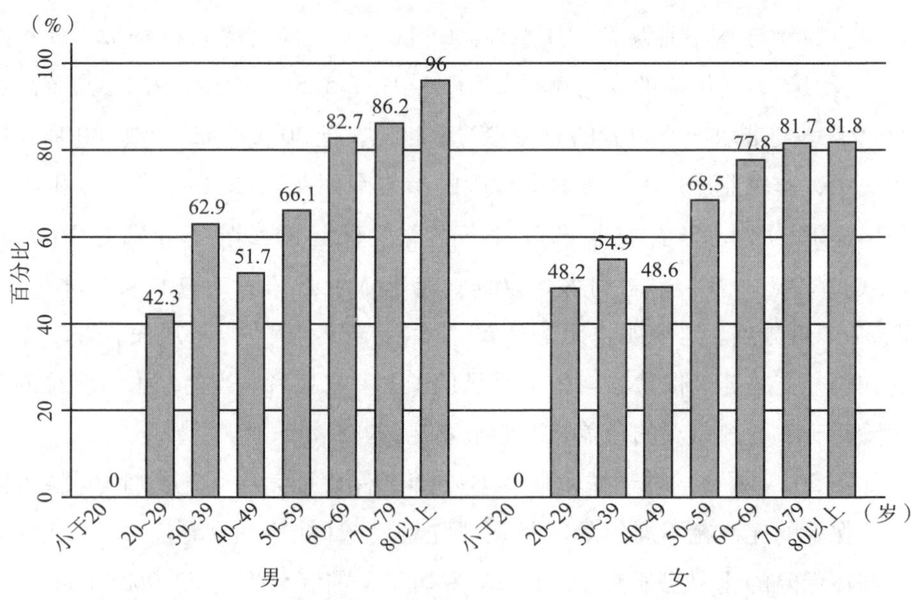

图5-3 分性别和年龄组的城镇职工基本养老保险参与率

相比而言，在城镇居民养老保险中，40～49 岁居民的参与率却明显高于其他年龄段居民，该年龄段中男性参与率达 10.3%，女性参与率达 14%（见图 5－4）。30～39 岁居民参与该保险的比率居于第二位，男性参与率为 4.91%，女性参与率为 12.4%。这说明当前参与城镇居民养老保险的居民中，30～49 岁居民占较大比重。

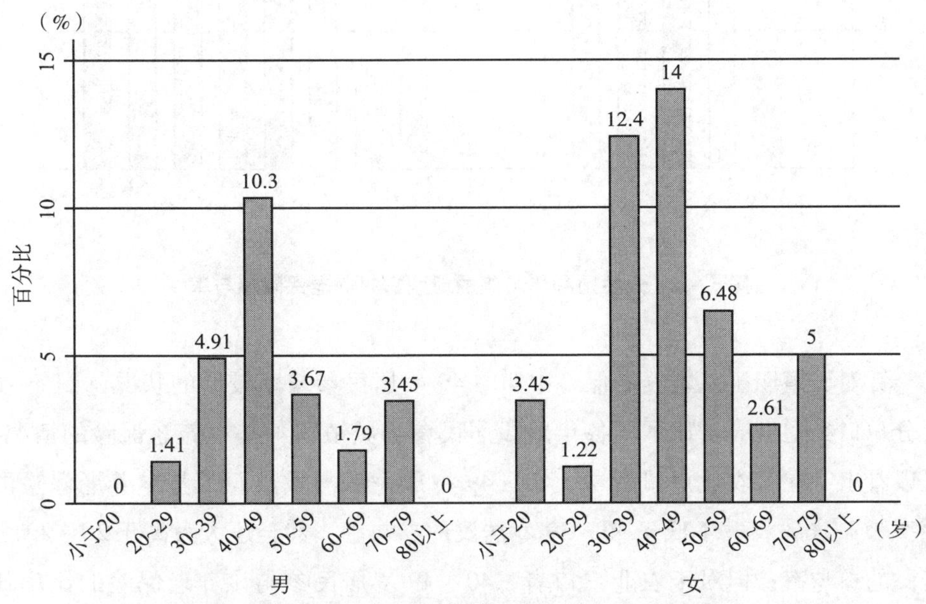

图 5－4　分性别和年龄组的城镇居民养老保险参与率

对于新型农村养老保险而言，不同年龄段居民的参与状况与城镇居民养老保险的参与状况总体相同，也呈现“先增后减”的趋势（见图 5－5）。其中，40～49 岁居民的参与率仍为最高，男性为 14.9%，女性为 14.4%；50～59 岁居民位居第二，男性为 9.17%，女性为 9.72%。

另外，从三类保险参与率的总体状况可以看出，20～29 岁居民参与这三类保险的比率都较低。20～29 岁男性和女性参与城镇职工基本养老保险的比率分别为 42.3% 和 48.2%；20～29 岁男性和女性参与城镇居民养老保险的比率分别为 1.4% 和 1.2%；参与新型农村养老保险的比率分别为 4.2% 和 3.0%。说明这一年龄段群体参与三类养老保险相对不足。

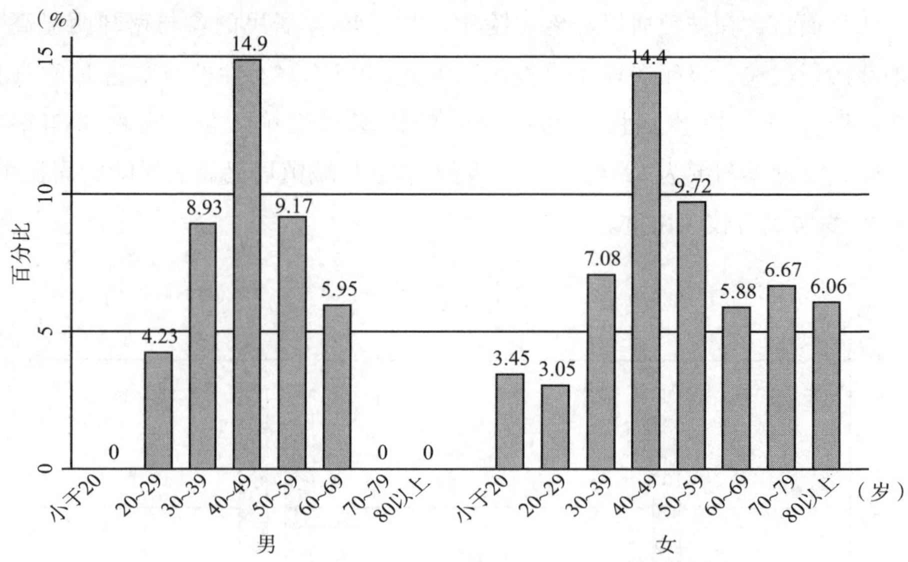

图5－5 分性别和年龄组的新型农村养老保险参与率

针对城镇职工基本养老保险中40～49岁居民参与率较低的状况，图5－6区分户口类型进一步显示了各年龄段居民参与城镇职工基本养老保险的情况。可以看出，在非农业户口者中，40～49岁居民参与城镇职工基本养老保险的比率为73.6%，并不低于30～39岁居民的参与率，甚至还大大高于20～29岁居民的参与率；但对于农业户口者，40～49岁居民参与该养老保险的比率却仅为19.8%，低于20～29岁及30～39岁居民的参与率。这说明城镇职工基本养老保险中40～49岁居民参与率较低主要源于这一年龄段农业户口者参与该养老保险的比率较低。

另外，图5－6也显示出一个例外，即在农业户口者中，年轻居民（20～39岁居民）参与城镇职工基本养老保险比率与其他年龄段居民相比，反而较高。考察农业户口者的教育程度后发现，农业户口者中20～29岁居民平均教育程度最高，30～39岁居民次之，平均教育程度随着年龄段的增加而递减（见图5－7）。由此可以推测，20～39岁农业户口者相对于其他年龄段农业户口者教育程度较高，是其参与城镇职工基本养老保险比率较高的主要原因。

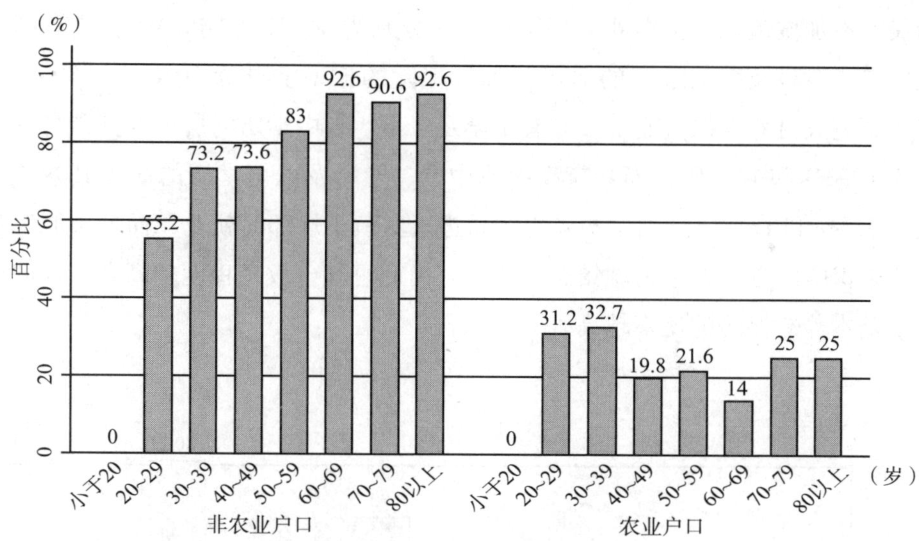

图 5－6　分户口类型和年龄组的城镇职工基本养老保险参与率

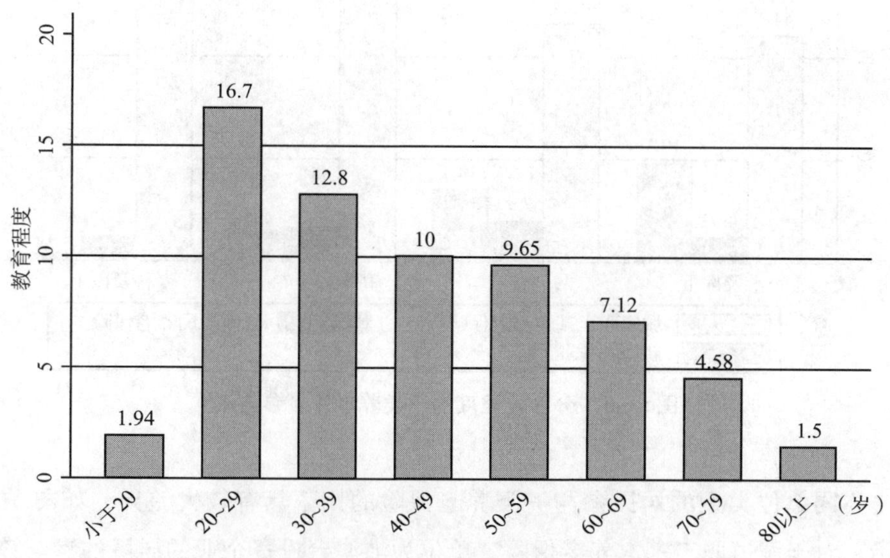

图 5－7　农业户口者教育程度状况

不同教育程度的居民中，三类养老保险的参与率与也具有明显差异。由图 5－8 可以看出，教育程度越高的居民中，城镇职工基本养老保险的参与率越高；而新型农村养老保险的参与率却逐渐下降。具有小学及以下、初中学历的居民，参加城镇职工基本养老保险的比率分别为44.3%和46.4%；具有高中或中专、专科及以上学历的居民参加该保险的比率上升为70.0%和80.8%。对于新型农村养老保险而言，具有小学及以下、初中学历的居民的其参与率分别为19.3%和14.1%；而具有高中或中专、专科及以上学历的居民其参与率仅为5.5%和1.18%。高学历者更容易进入城镇正规部门就业，而城镇职工基本养老保险的参保对象为城镇企业职工。由此可知，教育程度越高者参与城镇职工基本养老保险的比率越高。

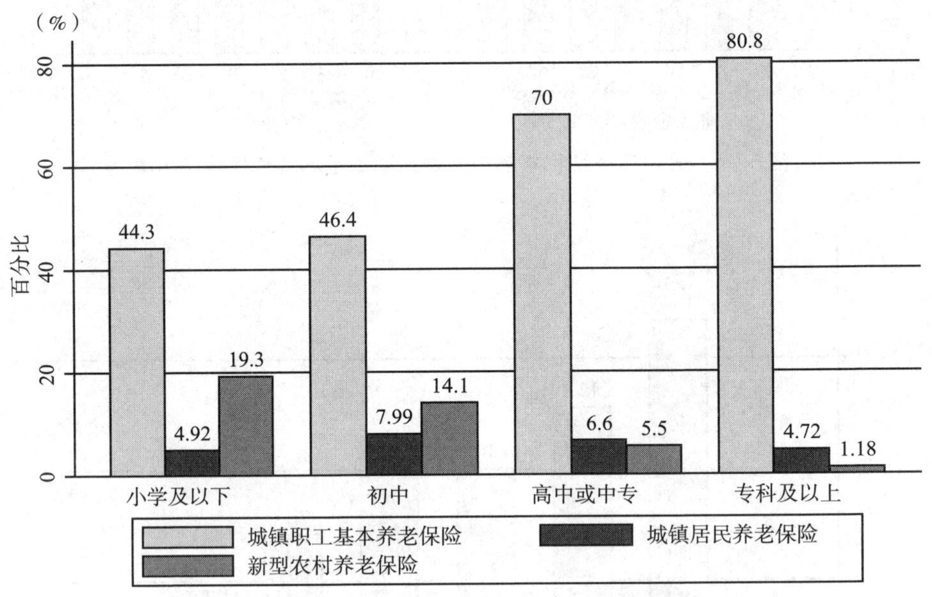

图5-8　分教育程度的三类养老保险参与率

不同单位类型的居民参与三类养老保险的比率具有较大差异，如图5-9所示。对于城镇职工基本养老保险，单位为港澳台投资企业的居民的参与该类养老保险的比率达100%；单位为机关及事业单位、国有及国有控股企业、外商投资企业的居民参与该类养老保险的比率都超过80%；单位为私营企业和民办非企业单位的居民参与该类养老保险的比率也超过60%。个体工商户参与城镇职工基本养老保险的比率最低，不足20%；而其参与新农保的比率超过20%，在所有单位类型的居民中居于最高。

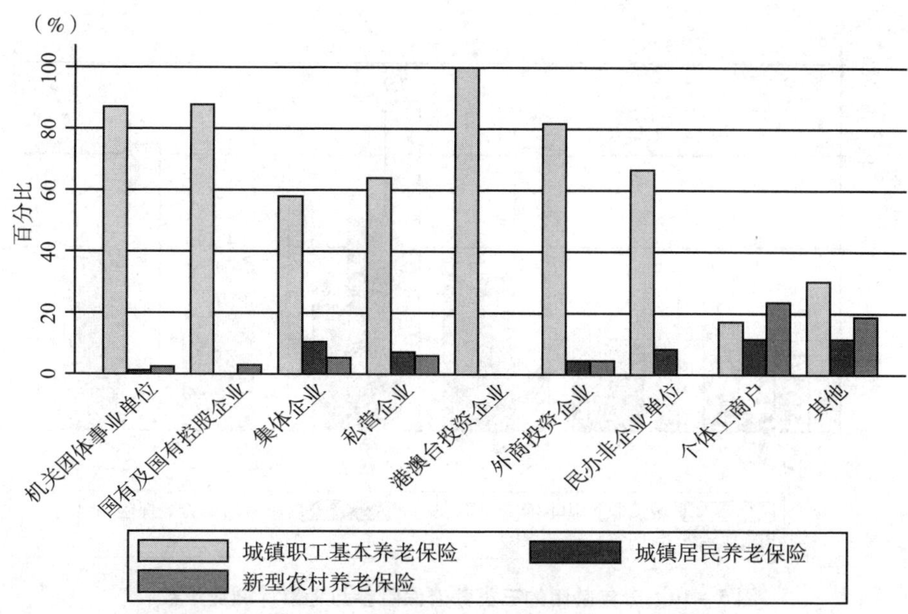

图 5－9　20 岁及以上居民分单位类型的三类养老保险参与率

5.1.2　三类养老保险的缴费状况

在城镇职工基本养老保险和城镇居民养老保险中，各年龄组平均的累计缴费年数呈现先递增后递减的变化趋势（见图 5－10）。在城镇职工基本养老保险中，20～29 岁居民的累计缴费年数为 4.2 年，30～39 岁、40～49 岁居民的累计缴费年数分别为 9.1 年和 15.4 年。50～59 岁居民的累计缴费年数最高，达 17.9 年。

在城镇居民养老保险中，20～29 岁居民的累计缴费年数仅为 1 年，30～39 岁、40～49 岁居民的累计缴费年数分别为 4.8 年和 8.6 年。50～59 岁居民的累计缴费年数最高，达 11.5 年。60～69 岁、70～79 岁居民的累计缴费年数分别为 9.4 年和 10.0 年。

在新型农村养老保险中，20～29 岁居民的累计缴费年数为 5.8 年，40～49 岁居民的累计缴费年数达到 7.9 年；而 70～79 岁居民的累计缴费年数最高，为 9.4 年。

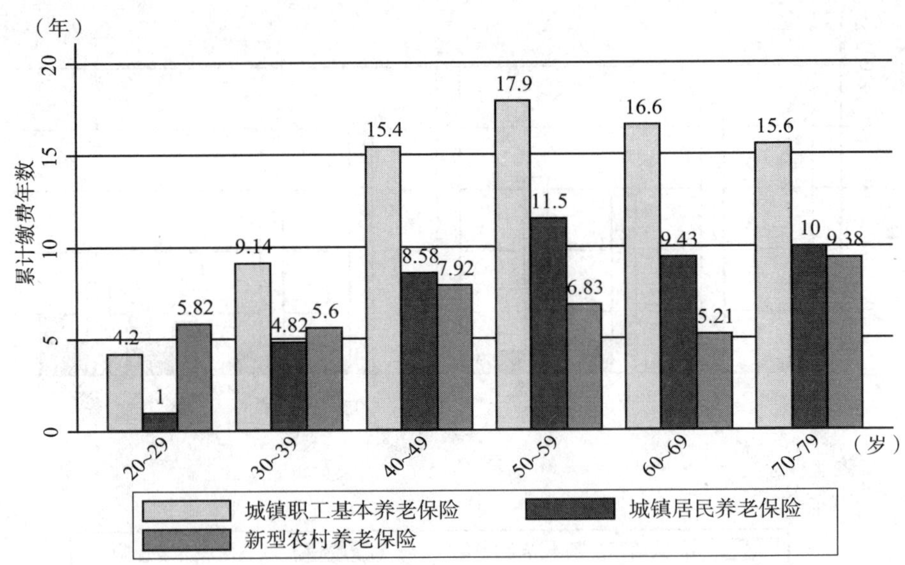

图 5－10　分年龄组的三类养老保险参与者累计缴费年数

如表 5－1 所示，过去 12 个月城镇职工基本养老保险的个人缴费金额平均为 4189.08 元，个人缴费最高金额达 48000 元；城镇居民养老保险的个人缴费金额平均为 3118.03 元，个人缴费最高金额达 11856 元；新型农村养老保险的个人缴费金额平均为 441.13 元，个人缴费最高金额达 5000 元。可以看出，新型农村养老保险的平均个人缴费金额大大低于城镇职工基本养老保险，前者仅为后者的 1/10。

表 5－1　　过去 12 个月养老保险缴费者的缴费金额　　单位：元

类型	平均领取金额	最低金额	最高金额
城镇职工基本养老保险	4189.08	0	48000
城镇居民养老保险	3118.03	0	11856
新型农村养老保险	441.13	0	5000

三类养老保险补缴保险费的人数占全部参与者的比例分别为 2.68%、4.25% 和 2.70%（见表 5－2）。从一次性补缴的金额来看，城镇职工基本养老

保险最高，达 70000 元，城镇居民养老保险和新型农村养老保险参与者一次性补缴的最高金额分别为 20000 元和 26000 元。

表 5-2 养老保险参与者一次性补缴的保险费

类型	最高补缴金额（元）	补缴者占比（%）
城镇职工基本养老保险	70000	2.68
城镇居民养老保险	20000	4.35
新型农村养老保险	26000	2.70

样本中，参加城镇职工基本养老保险者总人数为 1347 人。其中，出现过中断者为 88 人，占总人数的 6.5%；未出现过中断者占总数的 93.5%（见表 5-3）。在出现过中断者中，非农业户口者和农业户口者分别为 75 人和 13 人，分别占参保总人数的 5.6% 和 0.9%。在未出现过中断者中，非农业户口者和农业户口者分别为 1104 人和 155 人，分别占参保总人数的 82.0% 和 11.5%。

表 5-3 养老保险参与者缴费中断状况

缴费情况	城镇职工基本养老保险		城镇居民养老保险		新型农村养老保险	
	人数（人）	比例（%）	人数（人）	比例（%）	人数（人）	比例（%）
出现过中断者	88	6.5	4	2.9	3	1.6
未出现过中断者	1259	93.5	134	97.1	182	98.4
总体	1347	100	138	100	185	100

5.1.3 三类养老保险的领取状况

三类养老保险中个人领取的养老金金额也存在差异。如表 5-4 所示，从个人每月领取养老金的平均值来看，城镇职工基本养老保险最高，为 2661.2 元；城镇居民养老保险次之，为 1536.3 元；新型农村养老保险最低，为 1187.0 元。从个人每月领取养老金的最大金额和最低金额来看，城镇职工基本养老保险最高达 8000 元，最低为 500 元；城镇居民养老保险最高达 3500

元，最低为 500 元；新型农村养老保险最高为 3000 元，最低为 50 元。这说明，城镇职工基本养老保险的保障水平最高。

表 5－4　　三类养老保险个人每月领取金额　　单位：元

类型	个人平均领取金额	最低金额	最高金额
城镇职工基本养老保险	2661.2	500	8000
城镇居民养老保险	1536.3	500	3500
新型农村养老保险	1187.0	50	3000

5.2 医疗保险

城镇职工医疗保险、城镇居民医疗保险、新型农村合作医疗①、公费医疗是当前我国社会医疗保险的主要组成部分。城镇职工医疗保险的参保对象是城镇企业职工。城镇居民医疗保险是 2007 年 7 月国务院在全国 79 个城市实行城镇居民基本医疗保险试点的基础上建立的，参保对象为城镇非从业居民，包括不属于城镇职工基本医疗保险制度覆盖范围的中小学阶段的学生（包括职业高中、中专、技校学生）、少年儿童和其他非从业城镇居民。新型农村合作医疗是由个人、集体和政府多方筹资，农民自愿参加，以大病统筹为主的农民医疗互助共济制度。公费医疗是国家为保障国家工作人员身体健康而实行的一项社会保障制度，其享受对象主要是各级国家机关、党派、团体以及文化、教育、科研、卫生、体育等事业单位的工作人员和离退休人员，二等乙级以上革命伤残军人，以及在校大学生等。

5.2.1 四类医疗保险的参与状况

在全部样本中，全年龄段的城镇职工基本医疗保险的参与率为 48.65%，

① 目前国内一些地区率先将城镇居民医疗保险与新型农村合作医疗合并，推行统一的城乡居民医疗保险制度，本书中仍将城镇居民医疗保险与新型农村合作医疗作为两个独立的保险类型搜集数据。

城镇居民医疗保险的参与率为 18.35%，新型农村合作医疗的参与率为 18.85%，公费医疗的参与率为 0.5%。即尚有 13.65% 的居民未参与任何医疗保险。

图 5－11 进一步区分 60 岁以上及以下居民的参保状况。在 60 岁以下居民中，城镇职工基本医疗保险的参与率为 42.1%，城镇居民医疗保险的参与率为 20.9%，新型农村合作医疗的参与率为 21.1%，公费医疗的参与率为 0.48%；目前，尚有 15.42% 的居民未参与这四类医疗保险。在 60 岁及以上居民中，城镇职工基本医疗保险的参与率已达 76.3%，城镇居民医疗保险的参与率为 7.44%，新型农村合作医疗的参与率为 9.46%，公费医疗的参与率为 0.60%；还有 6.2% 的居民未参与这四类医疗保险。说明 60 岁及以上居民的医疗保险总体参与情况优于 60 岁以下居民。

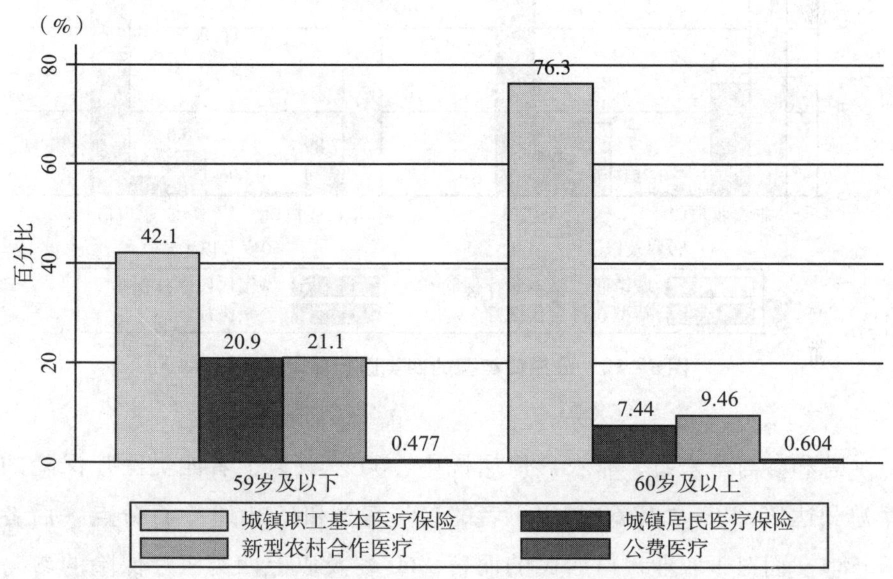

图 5－11　60 岁以下和 60 岁及以上居民四类医疗保险参与率

区分户口类型可以看出，农业户口和非农业户口居民参与四类医疗保险的比率具有明显差异（见图 5－12）。60 岁以下居民中，非农业户口者参与城镇职工基本医疗保险的比率为 56.5%，农业户口者参与该类保险的比率仅为

17.4%；非农业户口者和农业户口者参与城镇居民医疗保险的比率相差16.4个百分点，前者为26.9%，后者为10.5%；农业户口者参与新型农村合作医疗的比率达55.8%。60岁及以上居民中，非农业户口者参与城镇职工基本医疗保险的比率高达86.3%，农业户口者参与该类保险的比率为10.6%；非农业户口者和农业户口者参与城镇居民医疗保险的比率相差较小，前者为7.89%，后者为4.55%；农业户口者参与新型农村合作医疗的比率比同户口类型的60岁以下居民要高，达66.7%。

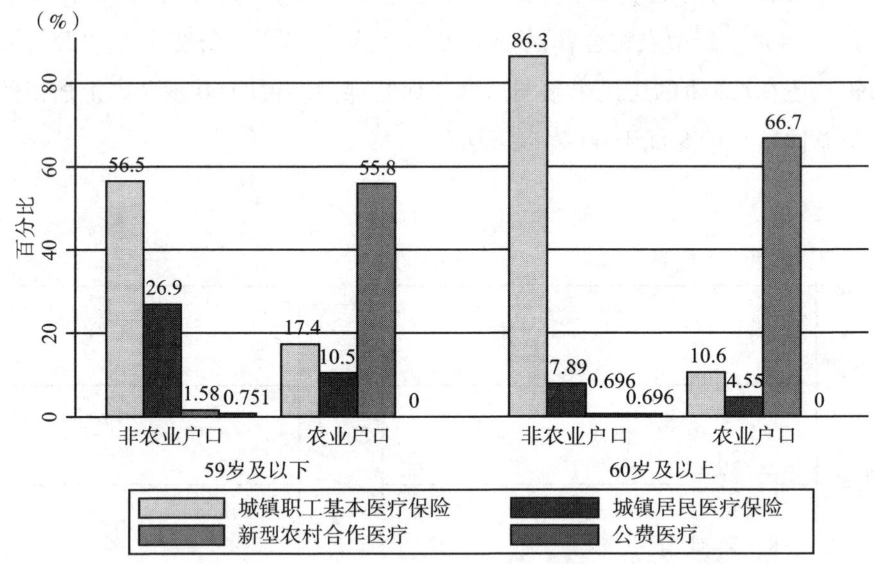

图5-12　分户口类型的四类医疗保险参与率

从总和参与率来看，非农户口居民中，60岁及以上者四类医疗保险的参与率总和达95.59%，比60岁以下者的参与率总和高出10个百分点（后者为85.73%）。而对于农业户口居民的而言，60岁及以上四类医疗保险的参与率总和为81.85%，反而低于60岁以下者的参与率总和（后者为83.7%）。由此说明，对于非农业户口者总体而言，退休后的医疗保障覆盖率优于退休前；而对于农业户口者，没有明显改善。

分年龄组来看，如图5-13所示，对于城镇职工基本医疗保险而言，参与该保险的比率在60岁及以上年龄段间差异不大，但在60岁以下年龄段间中存在明显差异。20～29 岁、40～49 岁两个年龄段的居民参与该保险的比率明显偏低[①]，分别为 45.1% 和 46.6%，低于 30～39 岁及 50～59 岁年龄段 10～16 个百分点。

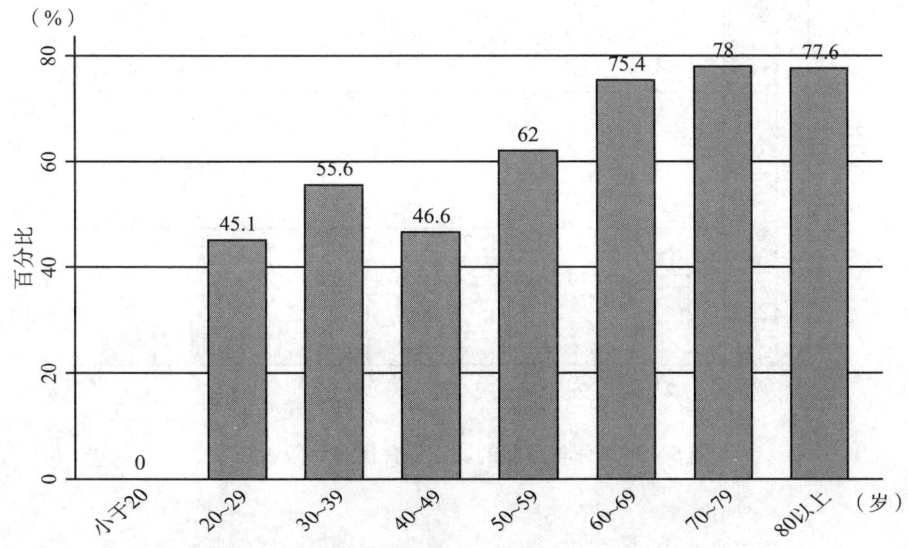

图 5－13　分年龄组的城镇职工基本医疗保险参与率

在其他三类医疗保险中，20 岁以下居民的参与城镇居民养老保险的比率达 55%；同时，40～49 岁居民的参与该类医疗保险的比率高于其他年龄段居民，达 15.7%（见图 5－14）。在新型农村合作医疗保险中，40～49 岁居民的参与比率也明显高于其他年龄段居民，达 28.5%（见图 5－15）。公费医疗中，80 岁及以上居民的参与率相对最高，为 3.45%（见图 5－16）。

由此可知，城镇居民医疗保险是覆盖 20 岁以下居民的主要医疗保险类型；而城镇职工基本医疗保险是覆盖 60 岁及以上居民的主要医疗保险类型。40～49 岁年龄段的居民参与城镇职工基本医疗保险的比率较其他年龄段居民偏低，是通过城镇居民医疗保险和新型农村合作医疗来补充的。

① 20 岁以下居民不符合参与城镇职工基本医疗保险的条件，故不考虑。

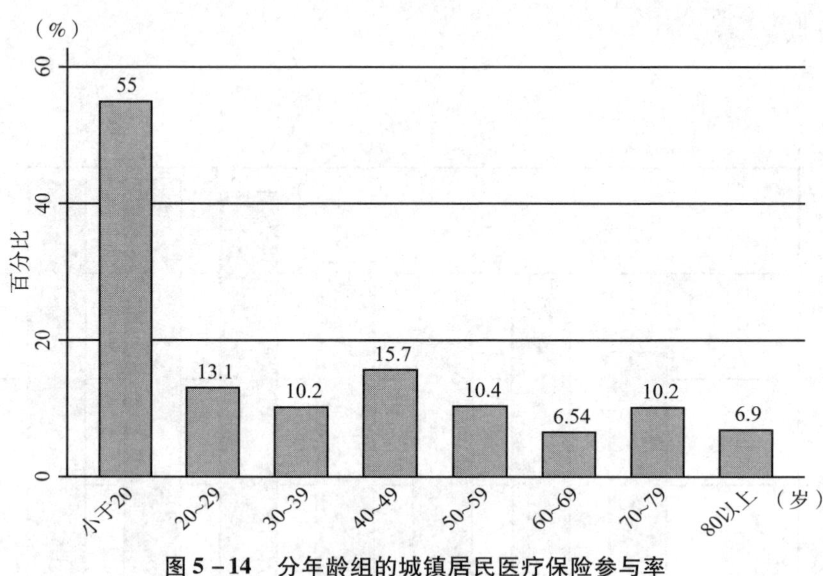

图 5－14　分年龄组的城镇居民医疗保险参与率

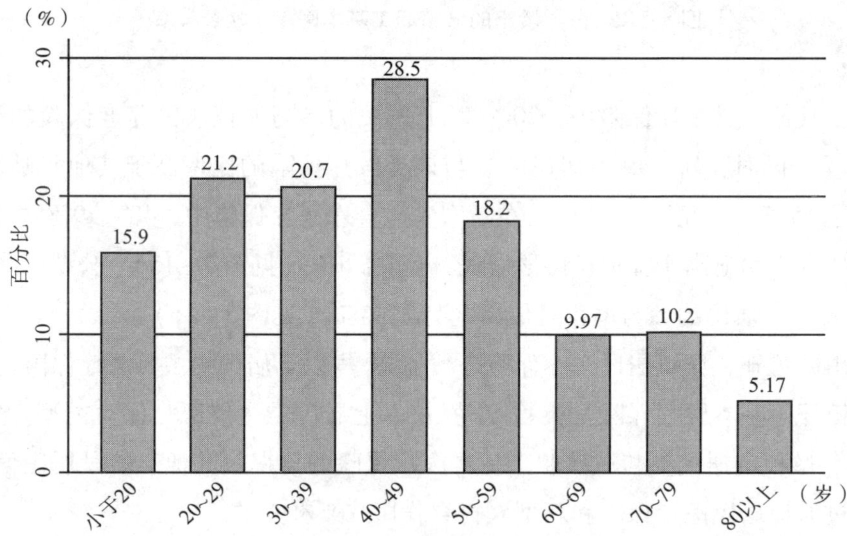

图 5－15　分年龄组的新型农村合作医疗参与率

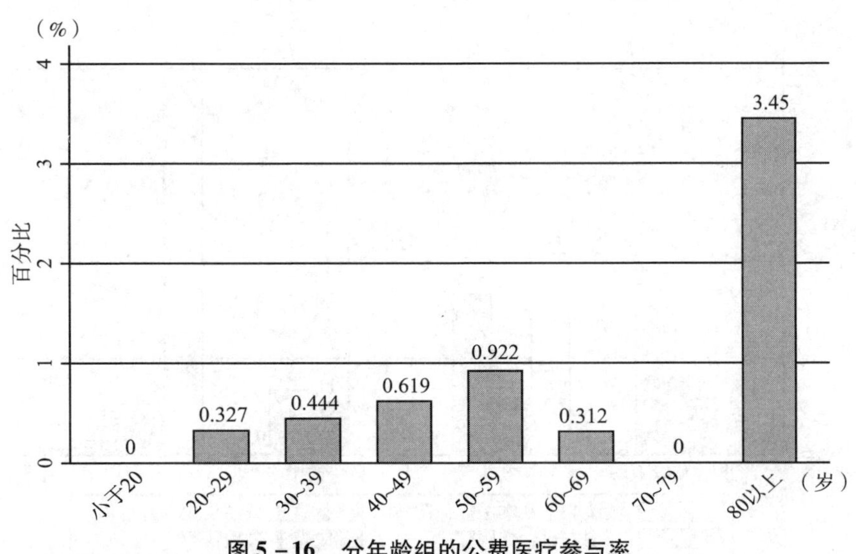

图 5 – 16　分年龄组的公费医疗参与率

分教育程度来看，由图 5 – 17 可以看出，教育程度越高的居民，城镇职工基本医疗保险的参与率越高；而城镇居民医疗保险和新型农村合作医疗的参与率在总体上却越低。具有小学及以下、初中学历的居民，参加城镇职工基本医疗保险的比率分别为 29. 5% 和 41. 7%；具有高中或中专、专科及以上学历的居民参加该保险的比率上升为 66. 8% 和 77. 4%。同时，对于新型农村合作医疗而言，具有高中或中专、专科及以上学历的居民参与率下降到 13. 5% 和 3. 04%，与小学及以下、初中学历的居民相比，下降近 20 个百分点。与养老保险类似，形成上述状况的可能原因是，高学历者更容易进入城镇正规部门就业而享有城镇职工基本医疗保险。

从健康状况来看，健康状况越好的居民参与城镇职工基本医疗保险的比率越低，而参与城镇居民医疗保险和新型农村合作医疗的比率却越高（见图 5 – 18）。健康状况为很差、较差和一般的居民参与城镇职工基本医疗保险的比率都超过 60%，健康状况较好和很好的居民参与该类型医疗保险的比率下降 10 ~ 20 多个百分点。与此形成鲜明对比的是，健康状况很好的居民参与城镇居民医疗保险和新型农村合作医疗的比率分别上升到 23. 4% 和 25. 9%。

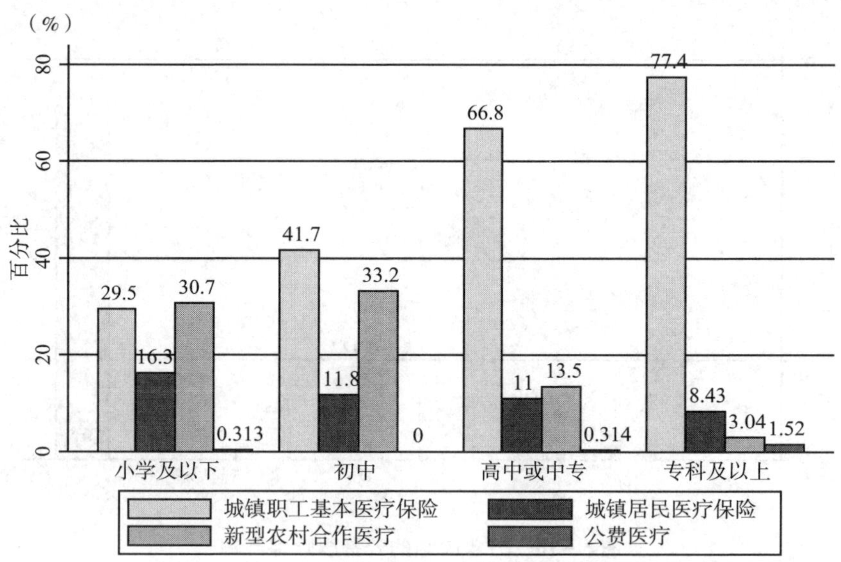

图 5－17　分教育程度的四类医疗保险参与率

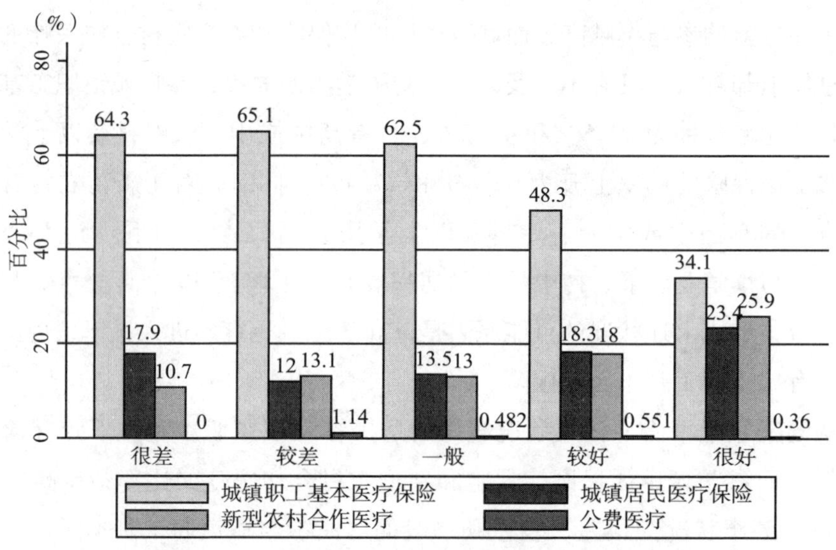

图 5－18　分健康状况的四类医疗保险参与率

5.2.2　医疗保险的缴费状况

如表 5－5 所示，过去 12 个月城镇职工基本医疗保险的个人缴费金额平均为 648.12 元，个人缴费最高金额达 9800 元；城镇居民医疗保险的个人缴费金额平均为 341.93 元，个人缴费最高金额达 4200 元；新型农村合作医疗的个人缴费金额平均为 148.57 元，个人缴费最高金额达 1000 元。可以看出，新型农村合作医疗的个人缴费额大大低于城镇职工基本医疗保险，前者仅达到后者的 1/4。

表 5－5　　过去 12 个月医疗保险个人缴费金额　　单位：元

类型	平均领取金额	最低金额	最高金额
城镇职工基本医疗保险	648.12	0	9800
城镇居民医疗保险	341.93	0	4200
新型农村合作医疗	148.57	0	1000

5.2.3　医疗保险的报销状况

四类医疗保险报销金额差异明显。如表 5－6 所示，从过去 12 个月个人报销医疗费的平均值来看，公费医疗最高，达 1700 元；城镇职工基本医疗保险次之，为 983.30 元；城镇居民医疗保险和新型农村合作医疗较低，分别为 229.72 元和 244.09 元。这说明，公费医疗的平均医疗保障水平最高。

从过去 12 个月个人报销的最高金额来看，城镇职工基本医疗保险达 170000 元；新型农村合作医疗次之，达到 45000 元；公费医疗为 10000 元。

表 5－6　　过去 12 个月四类医疗保险个人报销的医疗费　　单位：元

类型	个人平均报销金额	个人报销最低金额	个人报销最高金额
城镇职工基本医疗保险	983.30	0	170000
城镇居民医疗保险	229.72	0	30000
新型农村合作医疗	244.09	0	45000
公费医疗	1700	0	10000

5.3 其他社会保障

5.3.1 企业年金或职业年金

企业年金或职业年金属于第二支柱的社会养老保障，是城镇职工基本养老保险的有力补充。在20岁及以上居民中，企业年金或职业年金的总体参与率仅为7%。

分户口类型和年龄组来看，各年龄段非农业户口居民参与企业年金或职业年金的比率明显高于农业户口居民（见图5－19）。在非农业户口居民中，30～39岁居民参与企业或职业年金的比率达18.9%，大大高于其他年龄段居民。由于企业或职业年金往往是大型企业或机关事业单位设立的补充养老保险，这也说明30～39岁居民的工作境况和养老保障相对较好。

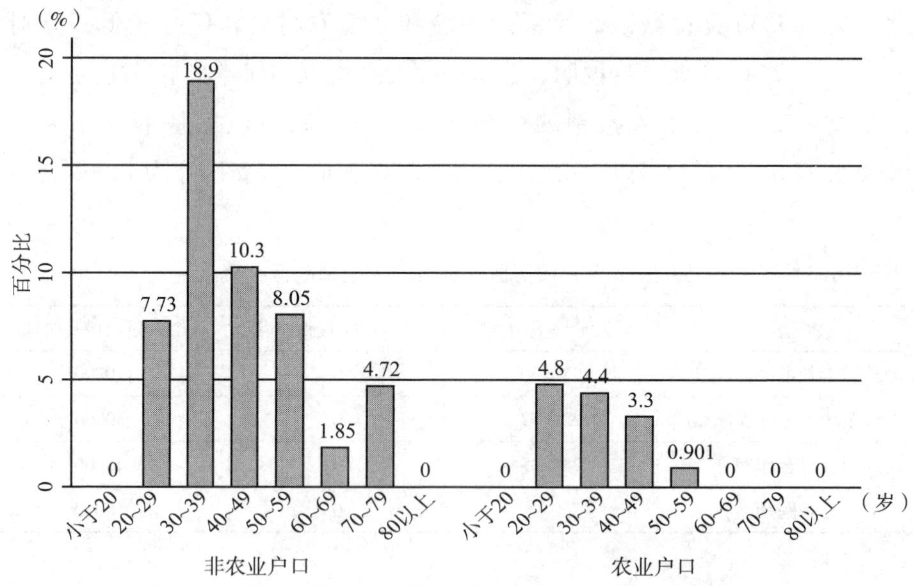

图5－19　分户口类型和年龄组的企业或职业年金参与率

分性别和教育程度来看，在20岁及以上居民中，无论是男性还是女性，教育程度越高者企业或职业年金的参与率越高（见图5-20）。男性专科及以上学历者参与企业或职业年金的比率达16.7%，女性专科及以上学历者企业或职业年金的参与率也达13%；而高中或中专学历者，无论男性还是女性，企业或职业年金的参与比率都在7%左右，小学或初中学历者更低，仅为2%左右。

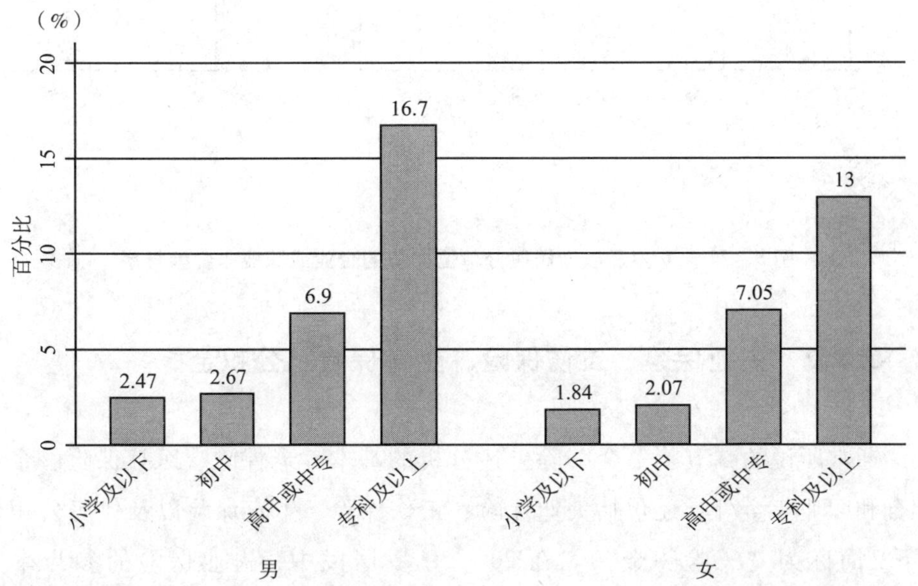

图5-20 20岁以上居民分性别和教育程度的企业或职业年金参与率

分企业类型来看，如图5-21所示，在20岁及以上居民中，企业年金或职业年金的参与率随单位类型不同而具有较大差异。单位为国有及国有控股企业者参与企业或职业年金的比率最高，达28.3%；单位为外商投资企业和集体企业者次之，分别为22.7%和21.1%；单位为港澳台投资企业者和个体工商户最低，不足1%。

过去12个月，企业年金或职业年金的参与者中仅有3.25%的个体享受到了相应待遇。其中，享受到的最高金额为20000元，最低为2000元。

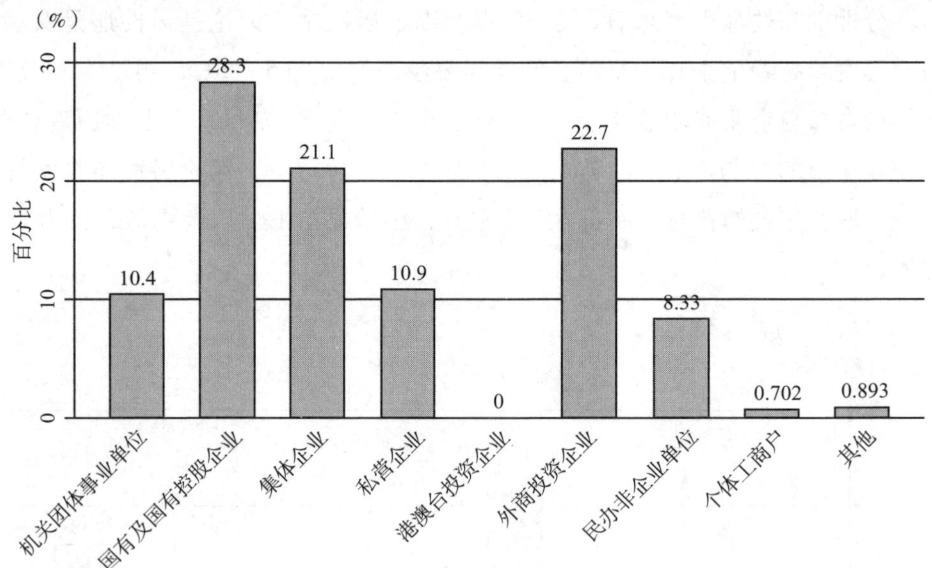

图 5－21　20 岁及以上居民分单位类型的企业或职业年金参与率

5.3.2　失业保险、工伤保险、生育保险及公积金

通常所说的“五险三金”除上述分析的基本养老保险、医疗保险、企业年金和职业年金外，还包括失业保险、工伤保险、生育保险以及住房公积金（下文简称为“三险一金”）。在 20～59 岁居民中，失业保险的参与率为 31.52%，工伤保险的参与率为 31.10%，生育保险的参与率为 26.33%，住房公积金的参与率为 23.88%。

从细分年龄组的“三险一金”的参与率可以看出，30～39 岁居民参与“三险一金”的比率最高，分别为 39.8%、39.3%、33.8% 和 31.6%（见图 5－22）。40～49 岁居民及 50～59 岁居民与 30～39 岁居民相比，“三险一金”的参与率普遍低十几个百分点。这说明，30～39 岁居民在失业、工伤、生育和住房上的保障相对较好。

分户口类型来看，如图 5－23 所示，非农业户口居民参与“三险一金”的比率大大高于农业户口居民，分别为 41.3%、40.5%、34.6% 和 32.7%；后者参与“三险一金”的比率普遍低 20 多个百分点，分别为 14.3%、

14.5%、11.9%和8.4%。这说明非农业居民在失业、工伤、生育和住房上的保障大大优于农业户口者。

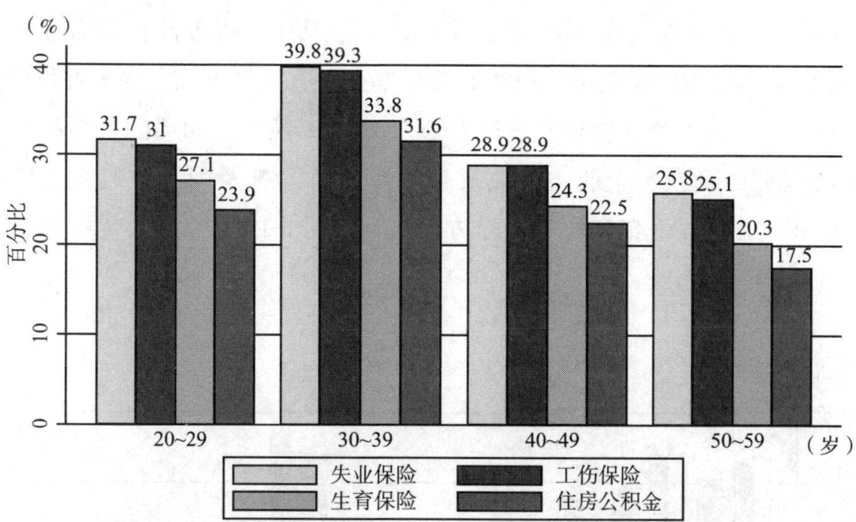

图 5－22　20～59 岁居民分年龄组的“三险一金”参与率

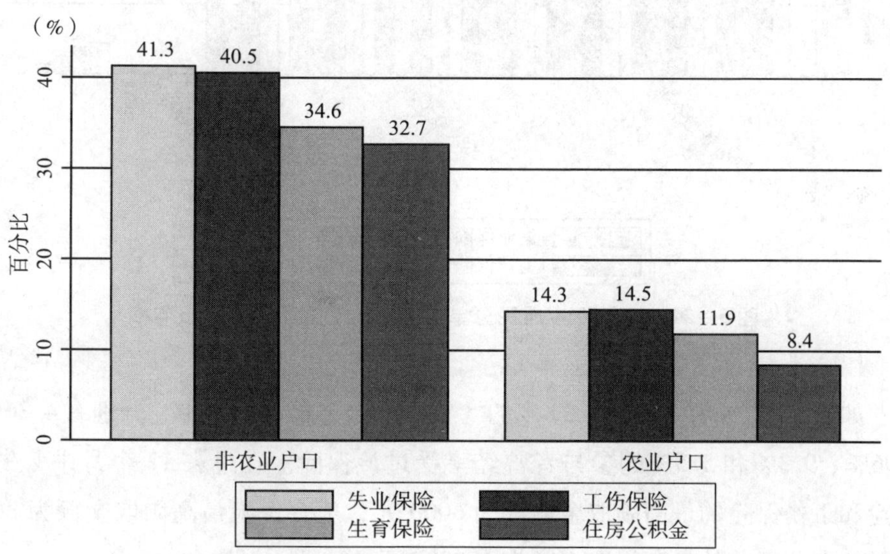

图 5－23　20～59 岁居民分户口类型的“三险一金”参与率

分单位类型来看，在20~59岁居民中，不同单位类型的居民参与“三险一金”的比率具有较大差异（见图5-24）。单位为外商投资企业、机关及事业单位、国有及国有控股企业的居民参与“三险一金”的比率明显高于其他类型单位的居民，参与率基本都超过了60%。其中，以外商投资企业最为突出，且该类单位的居民住房公积金的参与率在所有类型单位中居于首位，比率接近80%。个体工商户参与“三险一金”的比率最低，四项的参与率都不足5%。这说明外商投资企业、机关及事业单位、国有及国有控股企业三类单位在失业、工伤、生育和住房保障方面给职工带来的保障大大优于其他类型单位。

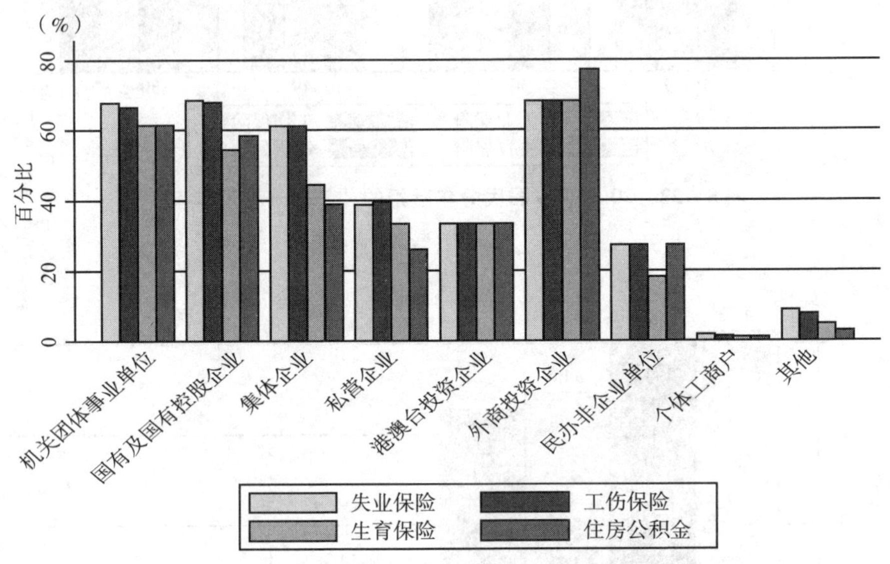

图5-24　20~59岁居民分单位类型的“三险一金”参与率

如表5-7所示，在20~59岁的“三险一金”的参与者中，分别有4.36%、0.96%、9.3%和5.5%的参与者曾经享受过该保险。在过去12个月中，失业保险和工伤保险的最高领取金额都为6000元，生育保险最高领取金额为8000元，住房公积金的最高提取金额为180000元。

表 5－7　　20～59 岁居民享受“三险一金”情况

类型	待遇享受者的占比（%）	过去 12 个月最高领取金额（元）
失业保险	4.36	6000
工伤保险	0.96	6000
生育保险	9.3	8000
住房公积金	5.5	180000

5.4 政策建议

5.4.1 提高社会养老保险和医疗保险中低年龄段劳动者的参保率

60 岁以下（女性为 55 岁以下）居民是社会养老保险和医疗保险缴费的主体，其参保情况直接影响着这两大类保险的缴费情况。适龄劳动者充足的参与率可以保障缴费来源的充足性，在养老保险和医疗保险支出既定的情况下，参保率越高，则缴费率越高，越利于缩小两大类保险的收支缺口，保证其收支平衡性。然而，本调查数据显示，无论是社会养老保险还是医疗保险，60 岁以下居民的参与情况都明显低于 60 岁及以上居民。尤其是 20～29 岁这个年龄段的居民不仅参与社会养老保险的比率相对较低，参与城镇职工医疗保险的比率也相对不足。

这种相对不足与该年龄段居民的就业状况是紧密联系的。该年龄段居民一部分还处于受教育阶段，一部分已进入劳动力市场，但其中相当一部分就业不稳定且处于非正规就业领域。因此，提高其参保率应从劳动力市场政策入手。一方面，应引导应届毕业生等低年龄段劳动者树立正确、积极的就业观；另一方面，应继续落实应届毕业生就业促进政策。对困难家庭毕业生，公务员考录、事业单位招聘时免收报名费和体检费；对离校后未就业回到原籍的毕业生，免费提供政策咨询、职业指导、职业介绍和人事档案托管等服务，并组织其参加就业见习、职业技能培训等促进就业活动；对登记失业的高校毕业生，应纳入各地失业人员扶持政策体系；对具有自主创业意愿和能力的高校毕业生，落实鼓励自主创业的政策措施，包括免收行政事业性收费、提供小额担保贷款、享受职业培训补贴等。

5.4.2 大力发展职业教育和技能培训，提升城镇中农业户口者的就业能力和参保能力

居住城镇的农业户口者平均受教育程度随着年龄段的增加而递减，这也导致40~49岁农业户口者参与城镇职工养老保险的比率最低。在城镇劳动力市场中，高学历者更容易进入正规部门就业，进而参与到城镇职工养老保险计划中；而居住在城镇的农业户口者在城镇往往从事的是低层次服务业或工业生产或建筑业，随着年龄的增大，其就业概率将下降，就业稳定性和收入稳定性都将受到影响。尤其是40~49岁的农业户口者在劳动力市场中往往处于弱势地位。因此，非常有必要提升农业户口者的就业能力，进而提升其参保能力。

学历教育是教育程度的获得途径，而职业教育是技术级别的获得途径，这两者是提升人力资本的主要方式。对于进城务工的农业转移劳动者，继续接受学历教育的可能性不大，继续教育的重点应放在职业教育和技能培训方面，应着眼于该群体职业发展的需要，提升其综合职业能力。

1. 应采取“政府主导+市场运营”模式

“政府主导”即由中央和地方政府制定职业教育和技能培训政策，加大经费投入，改善培育条件，营造继续教育氛围，健全培训运行机制和质量评价体系。“市场运营”即坚持发挥市场在资源配置中的决定性作用，积极应对市场用工需求的变化及现代服务业发展的新要求，调动农民参与职业教育和技能培训的积极性；充分发挥市场机制作用，通过政府购买服务或财政补贴的方式调动社会力量和市场主体参与的积极性，发挥现有职业院校、职业教育集团等培训资源的优势，创新校政行企合作方式，形成培训机构参与职业教育和培训活动的长效机制。

2. 实现培训内容的精准化和梯度化

应根据不同行业的特性、不同职业岗位的能力要求、不同年龄段农业户口务工者的职业倾向，实现培训内容的精准性。培训内容形成一定的梯度。根据农业户口务工者职业能力要求，既包括提高农业户口务工者基本素质的“基础型”培训，也包括满足不同行业、不同职业岗位需求的“技能型”培训。根据职业能力发展要求，培训内容逐渐从“以就业为导向”上升为“以技能提升为导向”。尤其是针对已获得初级、中级专业技能证书的新生代农民工，培训内容应“提档升级”，为这部分群体的职业发展搭建阶梯。

3. 借助信息化手段，灵活培训方式

当前互联网、大数据、云计算等现代信息技术的发展为职业教育和培训提供了更便利的条件。通过发展在线教育平台，开发在线职业教育或技能培训课程，使农民工能够多渠道、方便灵活地扩充职业技能知识。同时，开发和建设信息化服务云平台，以整合和优化各项在线资源。

5.4.3　加快发展作为社会养老保险第二支柱的企业年金和职业年金计划

作为社会养老保险第二支柱的企业年金政策始于2000年12月《国务院关于印发完善城镇社会保障体系试点方案的通知》，以及2004年5月出台的《企业年金试行办法》和《企业年金基金管理试行办法》。最开始的试点主要集中于部分省份和少数央企，其后范围逐渐扩大。2007年底全国企业年金参加企业达3.2万个，参与的职工达929万人，全国企业年金积累基金规模达1519亿元。随着2011年《企业年金基金管理办法》《关于企业年金集合计划试点有关问题的通知》，以及2013年《关于扩大企业年金基金投资范围的通知》《关于企业年金养老金产品有关问题的通知》《关于企业年金职业年金个人所得税有关问题的通知》等一系列规定的出台，2010~2014年，全国企业年金计划进入了快速增长时期，建立企业年金计划的企业数量由3.71万个增长至

7.33 万个，参与的职工数量由1335 万人增长至2293 万人，积累的基金规模由2809 亿元增长至7689 亿元。

但不可否认的是，建立企业年金计划的企业主要集中在电力、电信、石油、石化、民航、铁道等垄断性行业的大型国有企业。因为企业年金计划本质上属于一种薪酬方案，其实施情况主要取决于企业本身的经营状况和盈利情况。相比于垄断行业的大型企业，中小企业由于生命周期短、经济实力总体较差，建立企业年金的意愿和能力目前都较低。

职业年金计划始于2015 年我国事业单位人员养老金并轨改革，是针对机关事业单位工作人员建立的补充养老保险制度，目前还处于起步阶段。因此，本调研中显示的20 岁及以上居民参与企业年金或职业年金计划的总体比率仅为7%，也正是当前我国企业年金和职业年金覆盖面窄的充分反映。这也显示出我国第二支柱的社会养老保险作为社会基本养老保险有力补充作用尚未充分发挥。因此，应进一步提高企业年金的覆盖面，为职业年金健康发展扫除障碍。

1. 进一步减轻中小企业税负

提高企业年金覆盖面应重点关注中小企业年金计划的发展。长期以来，我国企业税负较重，增值税、营业税等流转税占税收比重超过60%。流转税是对商品、劳务的销售额和营业收入征税，往往是“挣得少交得不少”，这使得中小企业利润少，但交税却不少。这也限制了中小企业的稳定发展。因此，应降低企业税负，让中小企业有足够的利润空间去落实企业年金制度。同时，应通过税收优惠政策鼓励支持企业的创新活动，引导中小企业转型升级。

2. 鼓励中小企业建立行业集合年金计划

对一些无法达到企业年金建立标准的中小企业，可依据行业鼓励其按一定比例缴费，加入集合年金计划。例如，由金融机构采用商业化模式建立和管理“零售年金”，在某个行业或联合的行业内部，建立准予行业内部企业雇主参加的“行业年金”。针对规模较小、经营缺乏稳定性的中小企业，年金产品的参与者可以是中小企业雇主，也可以是企业员工。针对行业内部较大规模的中小企业，可以建立“多雇主计划”，由某一金融机构统一建立和管理，员工在企业间流动不需要调换计划。

3. 完善职业年金管理运行各项制度

应逐步健全职业年金法律政策体系。完善职业年金运行机制，规范职业年金日常管理，畅通职业年金的投资渠道，做好职业年金基金的监督和管理。同时，实现职业年金跨地区、跨单位转移，解决公务员、事业单位人员升迁、调动后的职业年金接续问题。

5.4.4 规范私营和台资企业在失业、工伤、生育和住房方面对劳动者的保障行为

失业保险、工伤保险和生育保险目的是保障劳动者在失业、工伤、生育时的基本生活不受影响，住房公积金有助于增进劳动者福利水平。当前，私营企业、台资企业劳动者在这三类保险和住房公积金方面的参与率大大低于外商投资企业、机关及事业单位、国有及国有控股企业的劳动者，说明这些企业的劳动者在失业、工伤、生育和住房方面的福利保障还明显不足。

因此，一方面，应加大劳动保障知识的宣传普及力度，增强劳动者对劳动保障意识和社会保险法律法规常识，在就业过程中积极为自己争取应有的权益；另一方面，应进一步规范私营企业、台资企业的用工行为，加强对企业用工行为的监督检查，积极发挥劳动监察作用，通过定期检查、临时抽查等方式加强对企业落实社会保险情况的检查力度，形成各类企业履行社会保险职责的良好环境。

5.5 小　结

城镇职工基本养老保险、城镇居民养老保险和新型农村养老保险是当前我国社会养老保险的主要组成部分。不同年龄段、户口类型、教育程度和单位类

型的居民参与三类养老保险的情况都存在差异。60 岁及以上居民的总体参保率优于 20 ~ 59 岁居民。非农业户口者参保率明显优于农业户口者。三类养老保险在不同年龄段居民间呈现"先增后减再增"的趋势。其中，对于城镇职工基本养老保险而言，无论男性还是女性，30 ~ 39 岁居民参保率最高；对于城镇居民养老保险和新型农村养老保险，40 ~ 49 岁居民参保率最高。教育程度越高的居民参与城镇职工基本养老保险的比率越高，而参与新型农村养老保险的比率却逐渐下降。此外，单位为港澳台投资企业的居民的参与城镇职工基本养老保险的比率达 100%；其次为机关及事业单位、国有及国有控股企业以及外商投资企业的居民；个体工商户参与该类养老保险的比率最低，但参与新农保和城镇居民养老保险的比率相对较高。

城镇职工医疗保险、城镇居民医疗保险、新型农村合作医疗、公费医疗是当前我国社会医疗保险的主要组成部分。对于非农业户口者，60 岁及以上居民医疗保险总体参与情况优于 60 岁以下居民；而农业户口者则相反。对于城镇职工医疗保险，非农业户口者的参与率大大高于农业户口者，而这一差异在 60 岁及以上居民中更为明显。细分年龄段的各类医疗保险参与情况也存在明显差异。其中，40 ~ 49 岁年龄段居民参与城镇职工医疗保险的比率相对偏低，其通过城镇居民医疗保险和新型农村合作医疗来补充。

在其他社会保障中，企业年金或职业年金的总体参与率非常低。其中，30 ~ 39 岁居民参与率较其他年龄段居民相对较高；无论是男性还是女性，教育程度越高者参与率越高；单位为国有及国有控股企业者参与率最高。对于失业保险、工伤保险、生育保险及住房公积金这几类保障，30 ~ 39 岁居民、非农业户口者，以及单位类型为外商投资企业、机关及事业单位、国有及国有控股企业的劳动者在失业、工伤、生育和住房上的保障相对较好。

第6章　家庭经济状况

6.1　家庭收入状况

6.1.1　整体收入状况

从总量上看，如表6－1所示，家庭用户的整体收入分为工资性收入、财产性收入与转移性收入两类，总体上被调查样本的全年平均总收入为63698.96元，家庭月平均收入约为5300元。

表6－1　　家庭整体收入

指标	有效样本	年均收入（元）	月均收入（元）
家庭收入	1022	63698.96	5300

收入分布上，有约300户家庭为无收入来源，可能存在住户不愿意透露家庭收入信息的情况；并且，从箱型图来看，如图6－1所示，家庭收入的分布离差较大，家庭收入最高的住户年收入总计724500元。因此，可能采用中位数更能准确度量样本家庭收入的平均水平，即48550元。

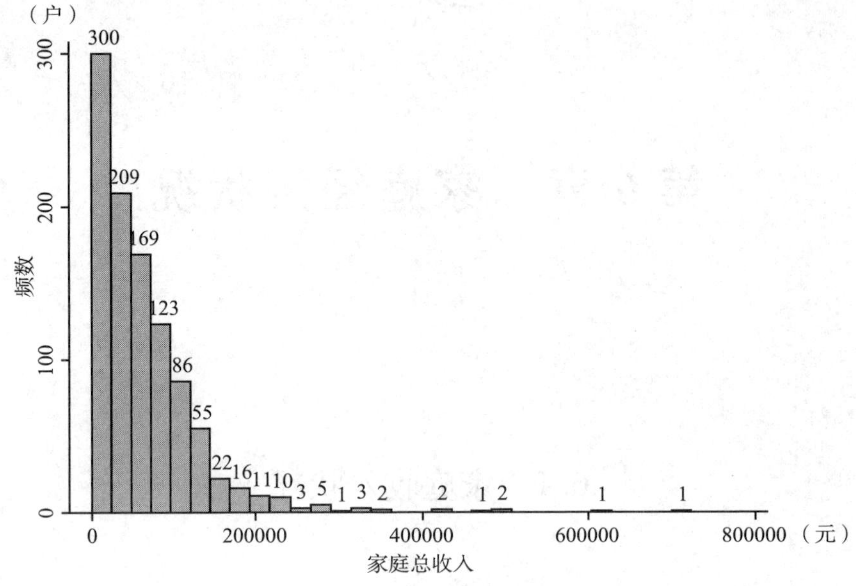

图 6－1　家庭年度收入分布

结构上，如图 6－2 所示，申报有工资性收入的家庭为 652 户，家庭年度工资性收入算数平均值为 51331.31 元，占总收入的 82.87%；申报家庭有财产性和转移性收入的住户共 1021 户，算数平均值为 3505.172 元。

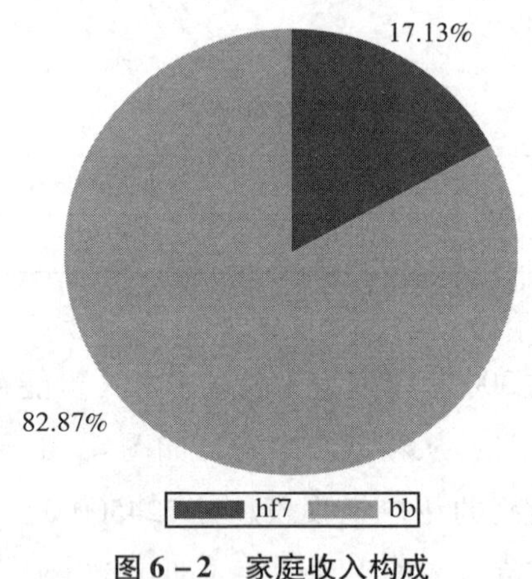

图 6－2　家庭收入构成

进一步，从户籍角度来看，如图 6－3 所示，本地住户和外地住户家庭年均收入存在一定的差异，本地住户家庭年均收入为 58637.7 元，最大值为 620000 元；而外来住户家庭年均总收入为 71131.9 元，最大值为 724500 元。由此可见，无论是本地住户还是外地住户，家庭年收入的差距较大，如果排除这些极值的影响，从中位数角度看，本地住户家庭年收入集中在 45000 元，外地住户家庭年收入集中在 60000 元。

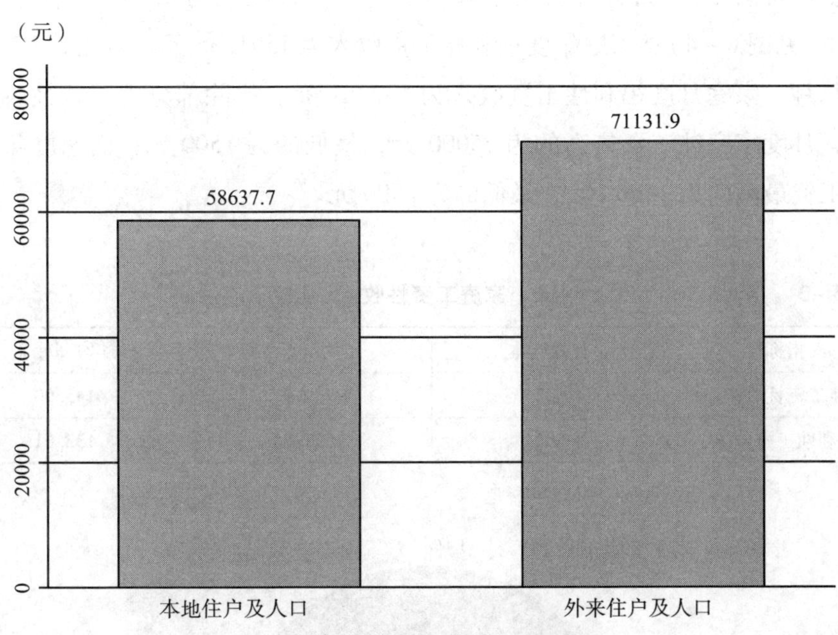

图 6－3　按户籍分家庭年度总收入

6.1.2　工资性收入

工资性收入主要分为两种，一种是该工作的纯工资收入，另外一种是该工作的福利性工资，具体指不按月发放的奖金、补贴和实物折现等。

从总体上看，在 1022 户家庭样本中，共有 652 户家庭申报 1262 位家庭成员上个月有工资性收入。按月统计，家庭工资性收入（包括纯工资收入和福利性工资收入）的平均值为 4277.61 元；按年统计，家庭工资性收入的平均水平为 51331.31 元，如表 6－2 所示。

表6－2　　家庭工资性收入

指标	有效样本	年均（元）	月均（元）
工资性收入	652	51331.31	4277.61

从构成上看，如表6－3所示，家庭月度纯工资性收入的平均值为4145.00元，若以自然年12月计算，则家庭年度纯工资性收入为49739.97元，占比96.9%（见图6－4）；家庭年度福利性工资收入为1591.35元，占比3.1%，平均到每月，家庭月度福利性工资收入为132.61元。排除部分无工资性收入家庭后，月度家庭纯工资最高的为25000元，最低的为1500元；而家庭年度福利性工资最高的为14000元，最低的为2500元。

表6－3　　家庭工资性收入

指标	有效样本	年均（元）	月均（元）
纯工资性收入	652	49739.97	4145.00
福利性工资收入	652	1591.35	132.61

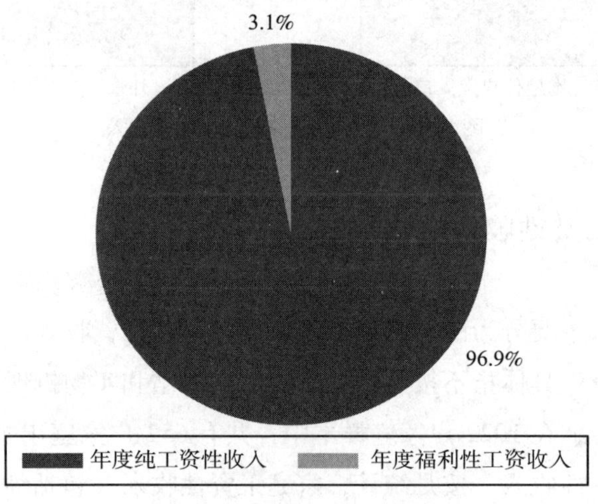

图6－4　工资性收入构成

6.1.3 转移性收入和财产性收入

1. 总体情况

在被调查的1022户家庭中，共有1021户家庭填写此项，但是约有一半的家庭表示没有获得过转移性和财产性收入。年度家庭转移性和财产性收入的平均值为3505.17元，其中最大值为404000元，最小值为0元，差距非常明显，如表6-4所示。

表6-4 家庭转移性和财产性收入

指标	有效样本（户）	年均（元）
转移性和财产性收入	1021	3505.17

从户籍角度看，如表6-5所示，本地住户和外来住户获得的转移性和财产性收入也有区别。其中，本地住户608户家庭的年度转移性和财产性收入平均为4101.52元，最大值为404000元；而外地住户413户家庭的年度转移性和财产性收入平均为2627.26元，最大值为165000元。

表6-5 按户籍分家庭转移性和财产性收入

指标	户籍	有效样本（户）	年均（元）
转移性和财产性收入	本地住户	608	4101.52
	外地住户	413	2627.26

从住房角度看，如表6-6所示，1022户住户中有984户普通住宅的住户家庭年度平均转移性和财产性收入为3515.06元，最大值为404000元；20户住集体宿舍和工棚的家庭年度平均转移性和财产性收入为1020.50元，最大值为5000元；17户工作地住宿家庭的年度平均转移性和财产性收入为5855.88

元，最大值为66000元。

表6-6　　按户籍分家庭转移性和财产性收入

指标	住房类型	有效样本（户）	年均（元）
转移性和财产性收入	普通住宅	984	3515.06
	集体宿舍和工棚	20	1020.50
	工作地住宿	17	5855.88

2. 转移性和财产性收入构成

家庭转移性和财产性收入共有6种类型：一是从其他亲友处得到的馈赠收入；二是出租房屋的净收入；三是出租其他资产的净收入；四是利息收入、红利和储蓄性保险净收益；五是社会救济和政策性生活补贴；六是其他来源转移性和财产性收入。

如图6-5所示，其中从亲友处得到的馈赠收入家庭年均为1270.16元，

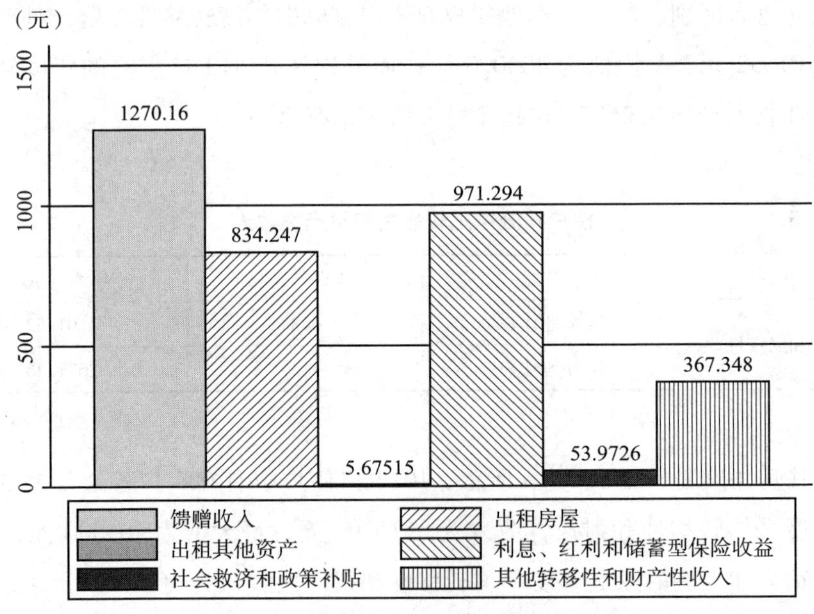

图6-5　家庭转移性和财产性收入分布

最大值为 120000 元，标准差为 5754. 88 元；家庭年均出租房屋的净收入为 834. 25 元，最大值为 300000 元，标准差为 10211. 12 元；家庭年均出租其他资产的净收入为 5. 68 元，最大值为 4000 元，标准差为 137. 18 元；家庭年均利息收入、红利和储蓄性保险净收益为 971. 30 元，最大值为 150000 元，标准差为 6491. 67 元；家庭年均社会救济和政策性生活补贴为 53. 97 元，最大值为 13440 元，标准差为 615. 20 元；家庭年均其他转移性和财产性收入为 367. 35 元，最大值为 125000 元，标准差为 4102. 44 元。

从住户角度看，本地住户的各项财产性和转移性收入高于外地住户，特别是本地住户通过出租房屋获得的收入年均 1271. 38 元要明显高于外地住户的 192. 27 元。其他各项转移性和财产性收入均有一定的差距，如图 6 – 6 和图 6 – 7 所示。

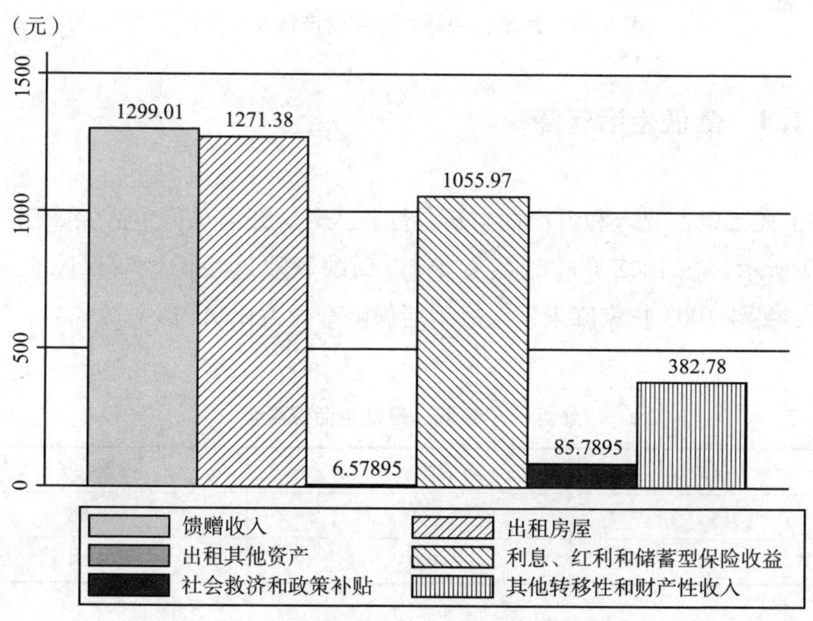

图 6 – 6　本地住户转移性和财产性收入分布

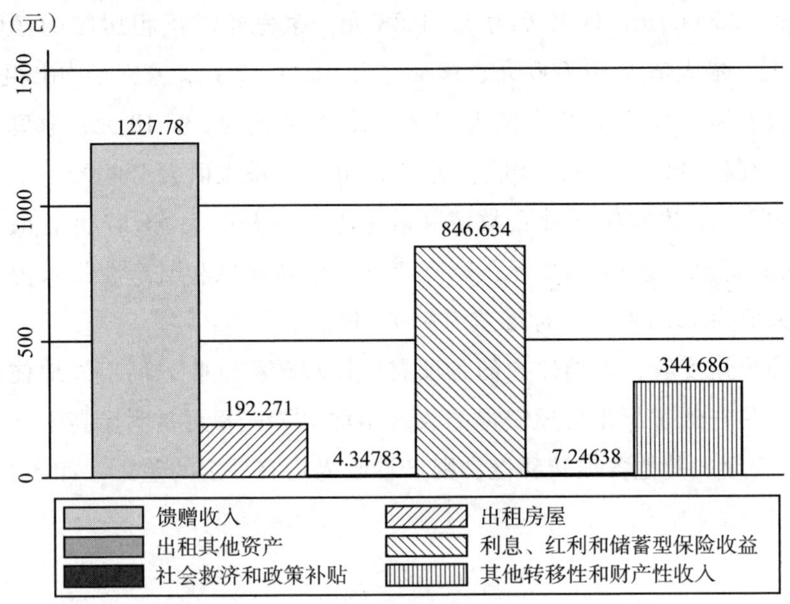

图 6－7　外地住户转移性和财产性收入分布

6.1.4　最低生活保障

除上述工资性收入和财产性与转移性收入外，还有最低生活保障部分。如表 6－7 所示，在 1022 户中，共有 19 户反映领取过最低生活保障金，占比 1.86%；另外 1003 户家庭未领取过生活保障金，占比 98.14%。

表 6－7　最近一年领取过最低生活保障金

领取过保障金	有效样本（户）	占比（%）
是	19	1.86
否	1003	98.14

在 19 户领取过最低生活保障金的住户中，有 1 户领取的时间为 4 个月，1 户领取的时间为 6 个月，1 户领取的时间为 10 个月，剩余 16 户在过去的 12 个月中都有领取保障金，如表 6－8 所示。目前已经有 2 户家庭不再领取最低生活保障金，占比 10.53%；剩余 17 户仍然在领取，占比 89.47%。

表6-8　最低生活保障金领取时间

领取保障金时间（月）	有效样本（户）	占比（%）
4	1	5.26
6	1	5.26
10	1	5.26
12	16	84.21

最低生活保障额度上，在领取最低生活保障金的月份，家庭年均领取689.26元，最大值为1430元，最小值为105元，如表6-9所示。

表6-9　最低生活保障领取额度

指标	有效样本（户）	年均（元）	最大值（元/月）	最小值（元/月）
最低生活保障金	19	689.26	1430	105

6.2　家庭支出状况

家庭问卷中家庭支出分为月度和年度两种，其中月度支出主要有食品烟酒、交通费、通信服务费、房租支出、水电燃料和住房贷款六项，年度支出分为衣着、通信工具、购买交通工具、住房保养维修及管理、生活用品及服务、参加培训、文化和娱乐、医疗器具及药品、其他用品和服务、馈赠其他亲友、住房首付。基本覆盖了居民衣食住行，以及再培训、人情往来等生活的各个方面。

6.2.1　整体支出状况

按月度统计，如表6-10所示，家庭整体（HC）支出共计3409276元，算数平均约3350元。月度支出最低的家庭为0元，无任何支出，最高的家庭月度支出为16300元，排除极值影响后，家庭月度平均支出约2850元。

表 6-10　　月度家庭整体支出

指标	有效样本（户）	年均（元）	最大值（元/月）	最小值（元/月）
月度家庭整体支出	1021	3349.78	116300	0

从户籍角度看，本地住户家庭608户，外地住户家庭413户。本地住户家庭月度总支出1951714元，平均支出3210.06元，有1%的住户月度没有支出，支出最多的家庭为16300元；外地住户家庭月度总支出1457562元，平均支出3555.48元，支出最低的家庭为290元，支出最多的家庭为15000元（见图6-8）。

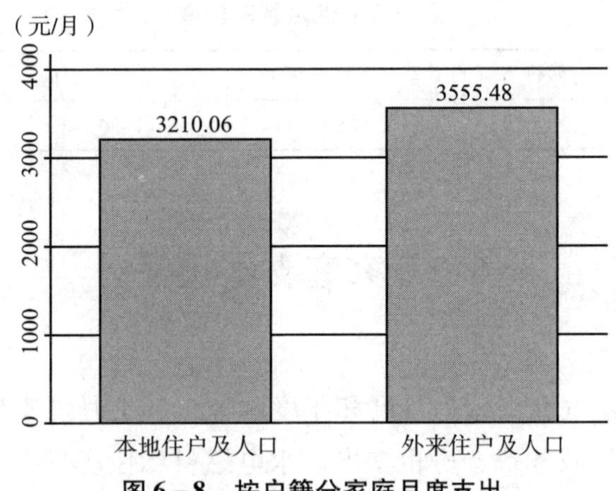

图 6-8　按户籍分家庭月度支出

按年度统计，家庭整体年度支出共计 2.18×10^7 元，平均支出21363.18元，如表6-11所示。部分家庭年度无支出，支出最多的家庭为397500元，排除这些极值的影响后，家庭年度整体支出集中在9800元。

表 6-11　　年度家庭整体支出

指标	有效样本（户）	年均（元）	最大值（元/年）	最小值（元/年）
月度家庭整体支出	1021	21363.18	397500	0

从户籍角度看，本地住户家庭年度总支出 1.44×10^7 元，平均支出 3210.06 元，有 1% 的住户月度没有支出，支出最多的家庭为 346040 元；外地住户家庭年度总支出 7354620 元，平均支出 17852.11 元，支出最低的家庭为 0 元，支出最多的家庭为 397500 元（见图 6－9）。

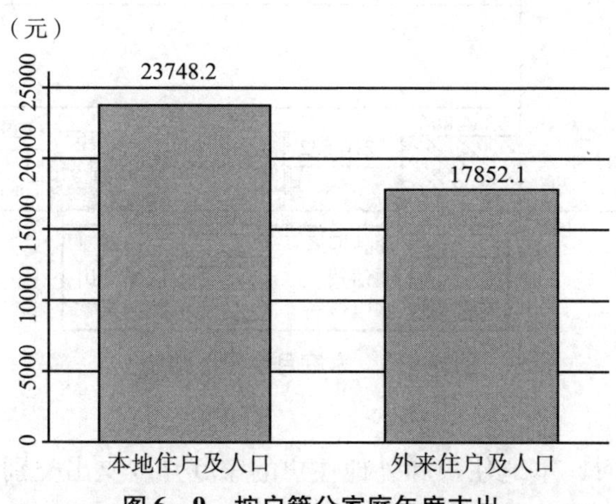

图 6－9　按户籍分家庭年度支出

6.2.2　支出类别

1. 月度支出

在六类家庭日常支出中，从支出额度来看，食品烟酒是家庭月度支出的主要来源，剩下依次是房租支出、交通费用、住房贷款、水电燃料和通信费，如图 6－10 所示。其中，食品烟酒月度平均支出 1828.25 元，占家庭月度支出总额的 54.58%；房租月度平均支出 386.77 元，占比 11.55%；交通月度平均支出 364.81 元，占比 10.89%；住房贷款月度平均支出 295.40 元，占比 11.80%；水电燃料月度平均支出 259.37 元，占比 7.74%；通信费用月度平均支出 216.53 元，占比 6.46%。

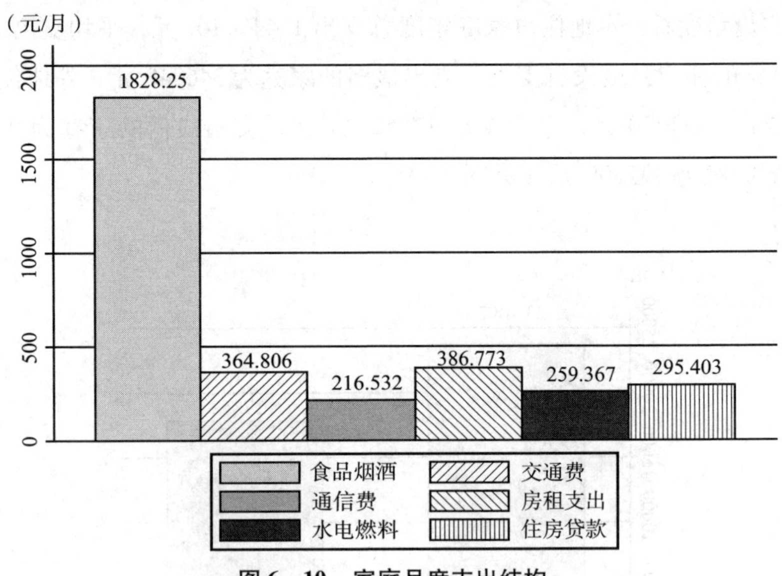

图 6-10 家庭月度支出结构

从户籍角度看，本地住户和外地住户的家庭月度支出类别在额度上存在一定差距。其中，本地住户的月度家庭平均支出要低于外地住户，主要原因在于本地住户的房租支出要显著低于外地住户。

在本地住户中，家庭月度支出按额度大小排序依次是食品烟酒、交通费、水电燃料、住房贷款、通信费和房租支出，如图 6-11 所示。其中，食品烟酒月度平均支出 1943.52 元，占家庭月度支出总额的 60.54%；房租月度平均支出 122.93 元，占比 3.83%；交通月度平均支出 408.77 元，占比 12.73%；住房贷款月度平均支出 241.12 元，占比 7.51%；水电燃料月度平均支出 273.91 元，占比 8.35%；通信费用月度平均支出 219.81 元，占比 6.85%。

在外地住户中，家庭月度支出按额度大小排序依次是食品烟酒、房租支出、住房贷款、交通费、水电燃料和通信费，如图 6-12 所示。其中，食品烟酒月度平均支出 1658.96 元，占家庭月度支出总额的 46.66%；房租月度平均支出 774.25 元，占比 21.78%；交通月度平均支出 322.24 元，占比 9.06%；住房贷款月度平均支出 375.12 元，占比 10.55%；水电燃料月度平均支出 237.97 元，占比 6.69%；通信费用月度平均支出 211.72 元，占比 5.95%。

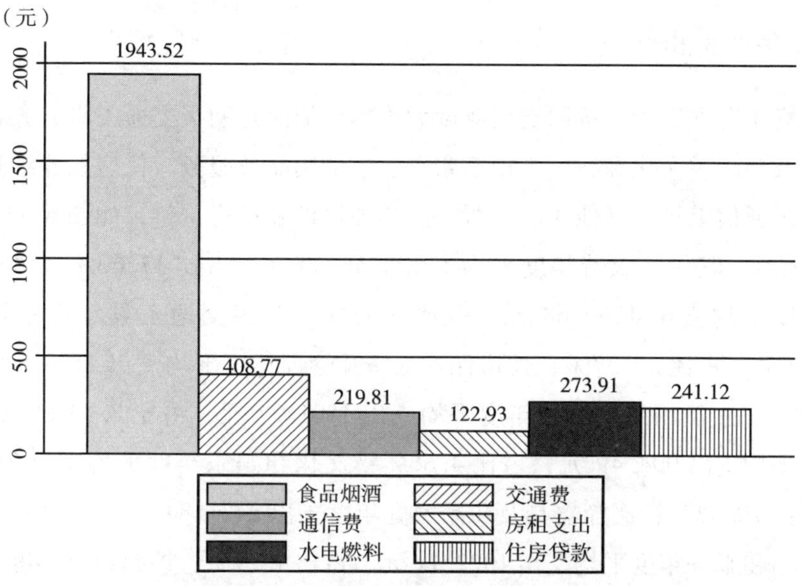

图 6－11　本地住户家庭月度支出结构

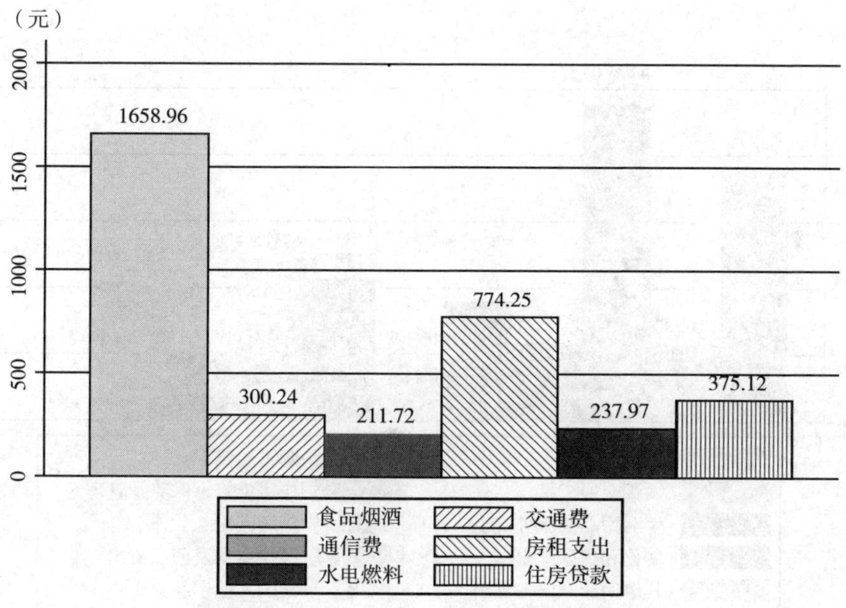

图 6－12　外地住户家庭月度支出结构

2. 年度支出

家庭年度支出中，按照支出额度大小排序依次是购买交通工具、衣着、医疗器具及药品、文化和娱乐、馈赠亲友、生活用品及服务、住房保养维修及管理、购买通信工具、其他用品和服务、参加培训和住房首付，如图 6 – 13 和图 6 – 14 所示。其中，衣着年度平均支出 3756. 30 元，占比 17. 60%；购买通信工具年度平均支出 1169. 68 元，占比 5. 48%；购买交通工具年度平均支出 4775. 07 元，占比 22. 37%；住房保养维修及管理年度平均支出 1186. 5 元，占比 5. 56%；生活用品及服务年度平均支出 1801. 27 元，占比 8. 43%；参加培训年度平均支出 994. 49 元，占比 4. 66%；文化和娱乐年度平均支出 2138. 78 元，占比 10. 02%；医疗器具及药品家庭年度支出 2431. 84 元，占比 11. 39%；其他用品和服务年度平均支出 1022. 11 元，占比 4. 79%；馈赠亲友年度平均支出 2069. 77 元，占比 9. 70%；住房首付年度平均支出 1. 41 元，占比 0. 06%。

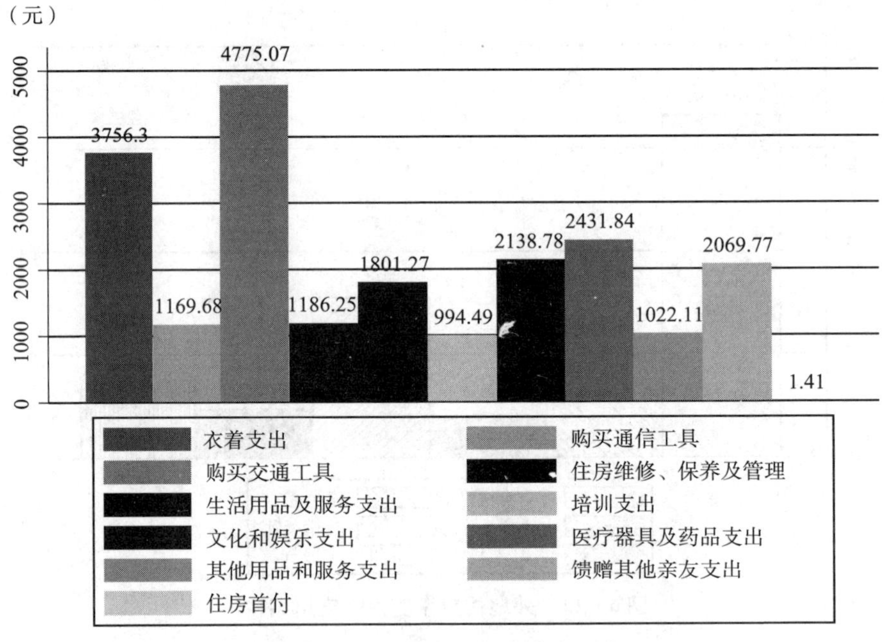

图 6 – 13　家庭年度平均支出分类

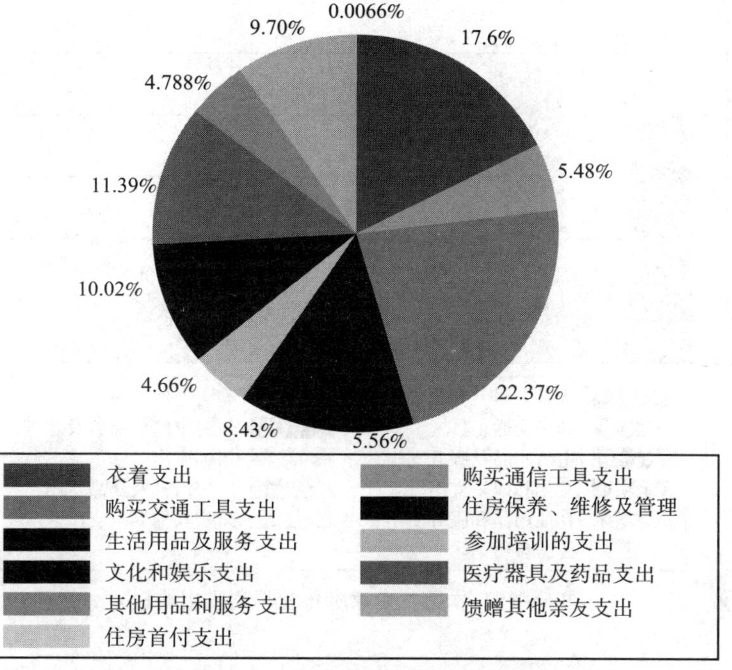

图6－14　家庭年度支出比例

从户籍角度看，本地住户和外地住户家庭年均支出大体趋势相同，在个别项目上存在较小差异。

本地住户家庭年度支出中，按照支出额度大小排序依次是购买交通工具、衣着、医疗器具及药品、文化和娱乐、馈赠亲友、生活用品及服务、住房保养维修及管理、购买通信工具、其他用品和服务、参加培训和住房首付，如图6－15和图6－16所示。其中，衣着年度平均支出4010.02元，占比16.89%；购买通信工具年度平均支出1276.38元，占比5.38%；购买交通工具年度平均支出4889.64元，占比20.59%；住房保养维修及管理年度平均支出1279.06元，占比5.39%；生活用品及服务年度平均支出2003.01元，占比8.43%；参加培训年度平均支出1249.33元，占比5.26%；文化和娱乐年度平均支出2733.30元，占比11.51%；医疗器具及药品家庭年度支出3076.77元，占比12.96%；其他用品和服务年度平均支出1136.67元，占比4.79%；馈赠亲友年度平均支出2092.76元，占比8.81%；住房首付年度平均支出1.23元，占比0.05%。

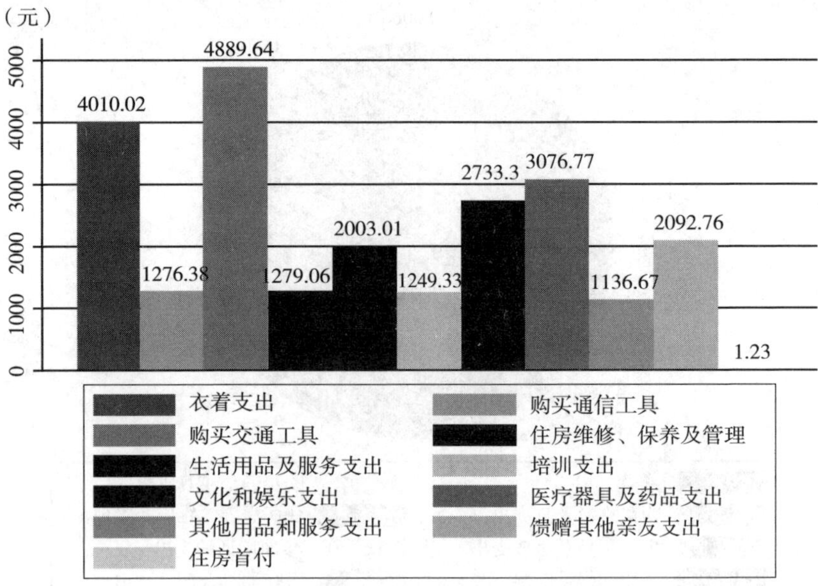

图6－15　本地住户家庭年度平均支出构成

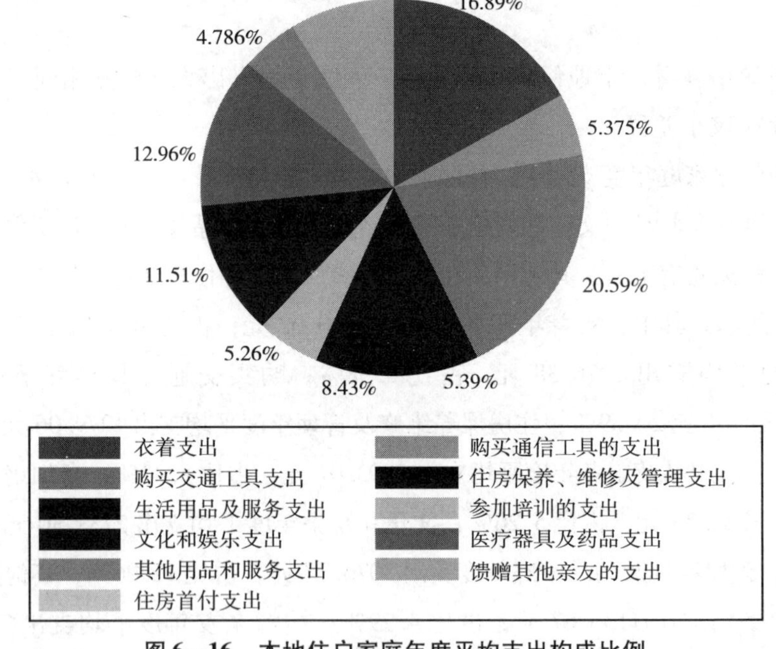

图6－16　本地住户家庭年度平均支出构成比例

外地住户家庭年度支出中，按照支出额度大小排序依次是购买交通工具、衣着、馈赠其他亲友、生活用品及服务、医疗器具及药品、文化和娱乐、住房保养维修及管理、购买通信工具、其他用品和服务、参加培训和住房首付，如图6－17和图6－18所示。其中，衣着年度平均支出3383.70元，占比18.99%；购买通信工具年度平均支出1012.97元，占比5.69%；购买交通工具年度平均支出4606.81元，占比25.86%；住房保养维修及管理年度平均支出1049.95元，占比5.89%；生活用品及服务年度平均支出1504.29元，占比8.42%；参加培训年度平均支出620.242元，占比3.48%；文化和娱乐年度平均支出1265.68元，占比7.10%；医疗器具及药品家庭年度支出1484.71元，占比8.33%；其他用品和服务年度平均支出853.87元，占比4.79%；馈赠亲友年度平均支出2035.99元，占比11.43%；住房首付年度平均支出1.67元，占比0.09%。

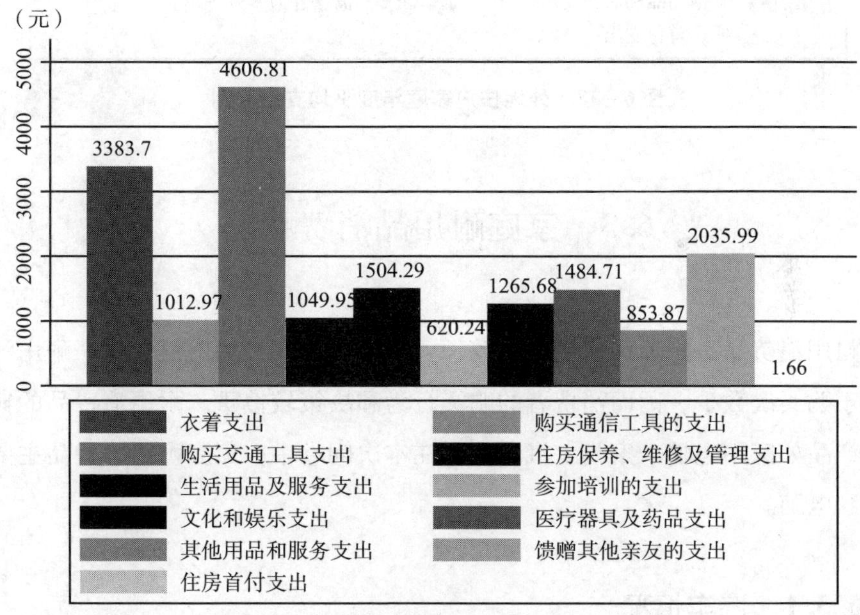

图6－17　外地住户家庭年度平均支出构成

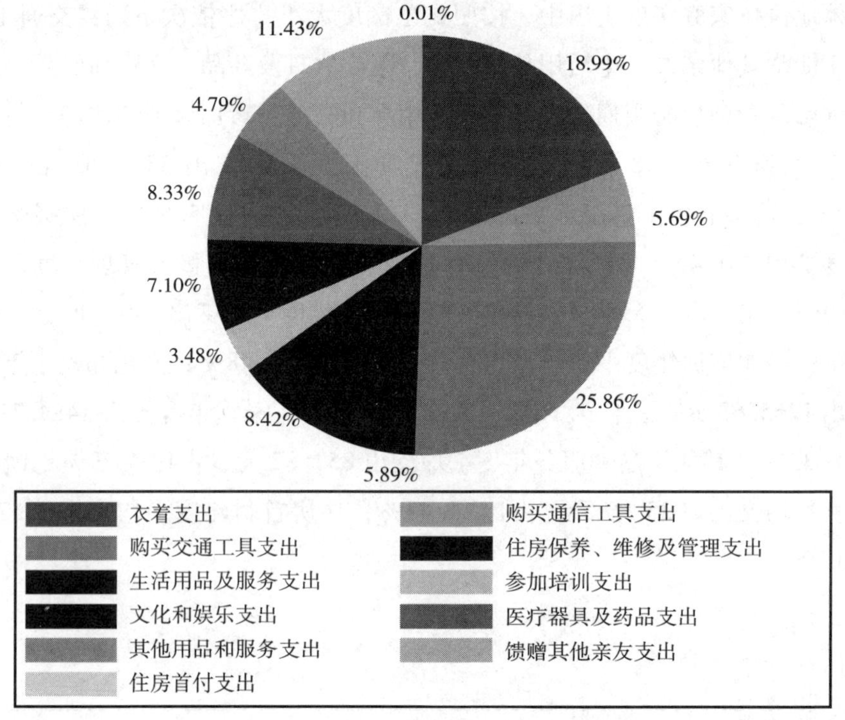

图6－18　外地住户家庭年度平均支出比例

6.3　家庭耐用品消费状况

耐用消费品是指那些使用寿命较长、一般可多次使用的消费品。耐用消费品由于购买次数少，因而消费者的购买行为和决策较慎重。耐用消费品的典型适用产品如家用电器、家具、汽车等。在本次问卷中，家庭耐用消费品主要指汽车和电脑。

6.3.1　汽车情况

汽车数量上，在采访的样本中，家庭拥有的汽车数量范围为0～3辆，平均每户家庭拥有约0.3辆汽车。其中，有734户家庭没有购买汽车，占比

71.82%，288 户拥有 1～3 辆汽车，占比 28.18%。在拥有汽车的家庭中，274 户家庭有 1 辆汽车，占比 26.81%；11 户家庭有 2 辆汽车，占比 1.08%；有 3 户家庭拥有 3 辆汽车，占比 0.29%，如表 6－12 所示。

表 6－12　　家庭拥有汽车数量

汽车数量（辆）	有效样本（户）	占比（%）	累积占比（%）
0	734	71.82	71.82
1	274	26.81	98.63
2	11	1.08	99.71
3	3	0.29	100.00

汽车价值上，在拥有汽车的 288 户家庭中，有两份问卷为异常值，其中一户申报汽车价值为 160000 万元，一户申报汽车价值为 200000 万元，造成整个样本中家庭汽车平均价值为 1263.41 万元，因而需要剔除这两个异常值的影响。剔除后，共 286 户家庭，汽车平均价值为 13.51 万元，其中最小值为 0.3 万元，最大值为 90 万元，如表 6－13 所示。

表 6－13　　家庭拥有汽车价值　　单位：万元

指标	有效样本（户）	平均价值	最大值	最小值
汽车价值	286	13.51	90	0.3

从户籍角度看，本地住户和外地住户家庭平均拥有的汽车数量存在一定差距。608 户本地家庭平均拥有 0.33 辆汽车，其中 416 户家庭没有购买汽车，占比 68.42%；184 户家庭拥有 1 辆汽车，占比 30.26%（见图 6－19）；7 户家庭拥有 2 辆汽车，占比 1.15%；1 户家庭拥有 3 辆汽车，占比 0.16%。414 户外地住户家庭平均拥有 0.25 辆汽车，其中 318 户家庭未购买汽车，占比 76.81%；90 户家庭拥有 1 辆汽车，占比 21.74%；4 户家庭拥有 2 辆汽车，占比 0.97%；2 户家庭拥有 3 辆汽车，占比 0.48%（见表 6－14 和表 6－15）。

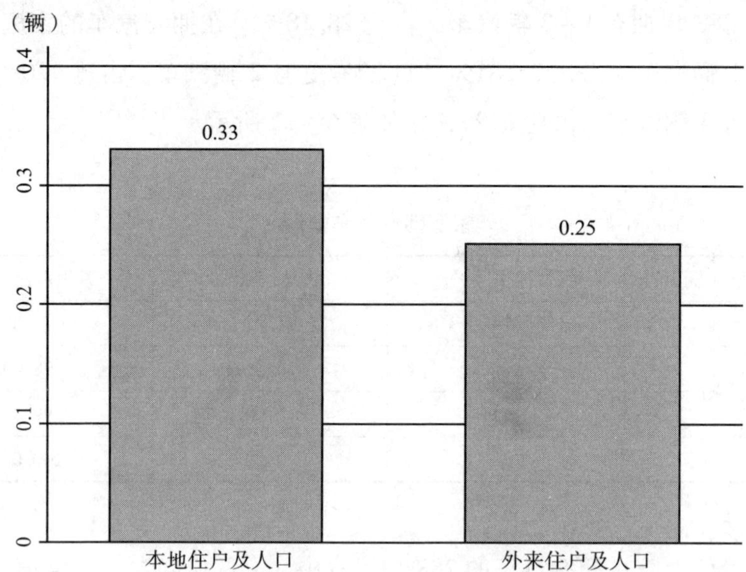

图 6－19　按户籍分家庭平均拥有汽车数量

表 6－14　本地住户家庭拥有汽车数量

汽车数量（辆）	有效样本（户）	占比（%）	累积占比（%）
0	416	68.42	68.42
1	184	30.26	98.68
2	7	1.15	99.84
3	1	0.16	100.00

表 6－15　外地住户家庭平均拥有汽车数量

汽车数量（辆）	有效样本（户）	占比（%）	累积占比（%）
0	318	76.81	76.81
1	90	21.74	98.55
2	4	0.97	99.52
3	2	0.48	100.00

按户籍分家庭的汽车价值上，同样剔除异常值影响后，190 户本地住户

汽车平均价值 14.33 万元，96 户外地住户家庭汽车平均价值 11.86 万元，如图 6－20 所示。其中，本地住户家庭拥有汽车价值的最大值为 90 万元，最小值为 1 万元；外地住户家庭拥有汽车价值的最大值为 70 万元，最小值为 0.3 万元。

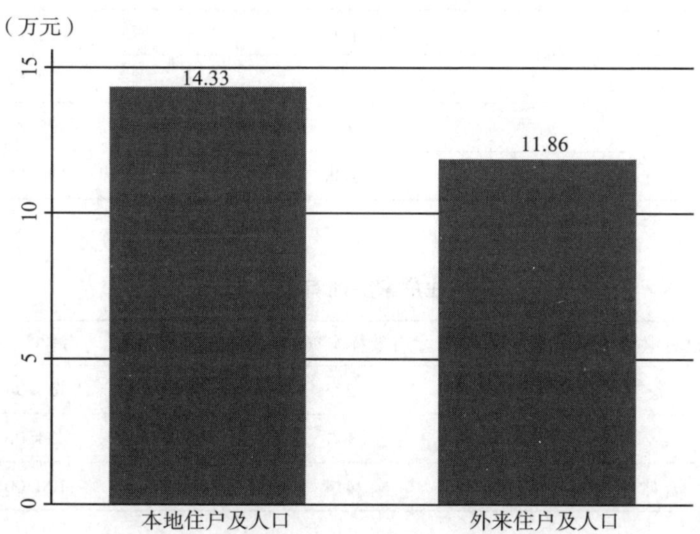

图 6－20　按户籍分家庭汽车平均价值

6.3.2　电脑等耐用消费品

电脑数量上，家庭平均拥有电脑 1.28 台。其中，727 户家庭有购买电脑，占比 71.14%；295 户家庭没有购买电脑，占比 28.86%（见表 6－16）。

表 6－16　家庭拥有电脑情况

已有电脑	有效样本（户）	占比（%）
是	727	71.14
否	295	28.86
合计	1022	100.00

按户籍分，本地住户家庭中454户拥有电脑，占比74.67%；154户没有购买电脑，占比25.33%（见表6-17）。外地住户家庭中273户拥有电脑，占比65.94%；141户没有购买电脑，占比34.06%（见表6-18）。

表6-17　　本地住户家庭拥有电脑情况

已有电脑	有效样本（户）	占比（%）
是	454	74.67
否	154	25.33
合计	608	100.00

表6-18　　外地住户家庭拥有电脑情况

已有电脑	有效样本（户）	占比（%）
是	273	65.94
否	141	34.06
合计	414	100.00

6.4　家庭居住状况

家庭居住情况主要了解被采访家庭的住房类型、住房条件、住房面积、住房来源及其他房产情况。

6.4.1　住房类型

住房类型上，按照住房类型分为三种，一是普通住宅，共985户，占比96.38%；二是集体宿舍和工棚，共20户，占比1.96%；三是工作地住宿，共17户，占比1.66%（见表6-19）。

表 6 – 19　　家庭住房类型

住房类型	有效样本（户）	占比（%）	累计占比（%）
普通住宅	985	96. 38	96. 38
集体宿舍和工棚	20	1. 96	98. 34
工作地住宿	17	1. 66	100. 00

本地住户和外地住户在住房类型上也有一定的差异。其中，本地住户中普通住宅比例高，共 602 户，占比 99. 01%；而集体宿舍和工棚与工作地住宿的各有 3 户，均占比 0. 49%（见表 6 – 20）。但是外地住户中，383 户住户为普通住宅，占比 92. 51%；17 户住集体宿舍和工棚，占比 4. 11%；14 户为工作地住宿，占比 3. 38%（见表 6 – 21）。

表 6 – 20　　本地住户家庭住房类型

住房类型	有效样本（户）	占比（%）	累计占比（%）
普通住宅	602	99. 01	99. 01
集体宿舍和工棚	3	0. 49	99. 51
工作地住宿	3	0. 49	100. 00

表 6 – 21　　外地住户家庭住房类型

住房类型	有效样本（户）	占比（%）	累计占比（%）
普通住宅	383	92. 51	92. 51
集体宿舍和工棚	17	4. 11	96. 62
工作地住宿	14	3. 38	100. 00

6. 4. 2　住房条件

本次调查过程中，主要考虑住房中的卫生间、厨房、天然气和住房面积作为住房条件的重要衡量因素。

卫生间情况，1022 户中有 991 户住房有卫生间，占比 96. 97%；剩余 31

户住房无卫生间，占比3.03%（见表6-22）。从户籍角度看，本地住户中602户有卫生间，占比99.01%，剩余6户无卫生间，占比0.99%；而外地住户中389户有卫生间，占比93.96%，25户没有卫生间，占比6.04%。从住房类型角度看，985户普通住宅中有20户住房没有卫生间，占比2.03%；20户集体宿舍和工棚中有5户没有卫生间，占比25%；17户工作地住宿的有6户没有卫生间，占比35.29%。

表6-22　住房拥有卫生间情况

是否有卫生间	有效样本（户）	占比（%）
是	991	96.97
否	31	3.03
合计	1022	100.00

厨房情况，1022户中984户住房有厨房，占比96.28%，38户没有厨房，占比3.72%（见表6-23）。从户籍角度看，本地住户中602户有厨房，占比99.01%，剩余6户无厨房，占比0.99%；而外地住户中382户有厨房，占比92.27%，25户没有厨房，占比6.04%。从住房类型角度看，985户普通住宅中，963户住房有厨房，占比97.97%；20户集体宿舍和工棚中有11户没有厨房，占比55%；17户工作地住宿的有5户没有厨房，占比29.41%。

表6-23　住房拥有厨房情况

是否有厨房	有效样本（户）	占比（%）
是	984	96.28
否	38	3.72
合计	1022	100.00

天然气情况，1022户中807户住房有天然气，占比78.96%，215户没有天然气，占比21.04%（见表6-24）。从户籍角度看，本地住户中503户有天然气，占比82.73%，剩余105户无天然气，占比17.27%；而外地住户中304

户有天然气，占比 73.43%，110 户没有天然气，占比 26.57%。从住房类型角度看，985 户普通住宅中，797 户住房有天然气，占比 80.91%；20 户集体宿舍和工棚中有 14 户没有天然气，占比 70%；17 户工作地住宿的有 13 户没有天然气，占比 76.47%。

表 6－24　住房拥有天然气情况

是否有天然气	有效样本（户）	占比（%）
是	807	78.96
否	215	21.04
合计	1022	100.00

住房面积情况，1022 户家庭平均住房面积为 76.64 平方米，最小住房面积为 10 平方米，最大住房面积为 300 平方米（见表 6－25）。从中位数平均的角度看，平均住房面积为 75 平方米，与算数平均的住房面积相差较小。

表 6－25　家庭住房面积　单位：平方米

指标	有效样本（户）	平均	最大值	最小值
住房面积	1022	76.64	300	10

从户籍角度看，本地住户平均住房面积为 81.42 平方米，外地住户平均住房面积为 69.61 平方米，最小住房面积均为 10 平方米，显然本地住户的平均住房面积要大于外来住户的平均住房面积，但是外地住户的最大住房面积 300 平方米却显著大于本地住户的最大住房面积 242 平方米（见表 6－26）。

表 6－26　按户籍分家庭住房面积　单位：平方米

指标	户籍	有效样本（户）	平均	最大值	最小值
住房面积	本地	608	81.42	242	10
	外地	414	69.61	300	10

从住房类型看，普通住宅平均面积为76.97平方米，集体宿舍和工棚的平均面积为42.3平方米，而工作地住宿的平均面积为97.53平方米，并且最大住房面积300平方米为工作地住宿（见表6－27）。

表6－27　按房屋类型分家庭住房面积　单位：平方米

指标	类型	有效样本（户）	平均	最大值	最小值
住房面积	普通住宅	985	76.97	242	10
	集体宿舍和工棚	20	42.3	100	10
	工作地住宿	17	97.53	300	20

住房来源情况，主要的住房来源有11种，分别是购买商品房、购买原共有住房、购买经济适用房和两限房、市场租房、廉租房、公租房、单位提供的有偿住房、单位提供的无偿住房、自建住房、拆迁安置房和其他。其中，购买商品房347户，占比35.23%；购买原共有住房191户，占比19.39%，购买经济适用房和两限房19户，占比1.93%；市场租房264户，占比26.80%；廉租房10户，占比1.02%；公租房34户，占比3.45%；单位提供的有偿住房14户，占比1.42%；单位提供的无偿住房23户，占比2.34%；自建住房12户，占比1.22%；拆迁安置房69户，占比7.01%；其他类型住房2户，占比0.20%（见表6－28）。

表6－28　住房来源情况

住房来源	有效样本（户）	占比（%）
购买商品房	347	35.23
购买原共有住房	191	19.39
购买经济适用房和两限房	19	1.93
市场租房	264	26.80
廉租房	10	1.02
公租房	34	3.45
单位提供的有偿住房	14	1.42

续表

住房来源	有效样本（户）	占比（%）
单位提供的无偿住房	23	2. 34
自建住房	12	1. 22
拆迁安置房	69	7. 01
其他	2	0. 20

从户籍角度看，本地住户购买商品房 247 户，占比 40. 20%；购买原共有住房 172 户，占比 28. 57%；购买经济适用房和两限房 14 户，占比 2. 33%；市场租房 45 户，占比 7. 48%；廉租房 10 户，占比 1. 66%；公租房 20 户，占比 3. 32%；单位提供的有偿住房 11 户，占比 1. 83%；单位提供的无偿住房 19 户，占比 3. 16%；自建住房 12 户，占比 1. 99%；拆迁安置房 55 户，占比 9. 14%；其他类型住房 2 户，占比 0. 33%。外地住户购买商品房 105 户，占比 27. 42%；购买原共有住房 19 户，占比 4. 96%，购买经济适用房和两限房 5 户，占比 1. 31%；市场租房 219 户，占比 57. 18%；廉租房 0 户；公租房 14 户，占比 3. 66%；单位提供的有偿住房 3 户，占比 0. 78%；单位提供的无偿住房 4 户，占比 1. 04%；自建住房 0 户；拆迁安置房 14 户，占比 3. 66%；其他类型住房 0 户。不难看出，本地住户主要是购买商品房和购买原共有住房，而外地住户则主要通过购买商品房和市场租房解决住房问题。

住房产权上，如图 6 – 21 所示，640 户拥有住房的家庭中，616 户住户产权归属家庭成员或子女，占比 96. 25%；24 户产权归属家庭外成员，占比 3. 75%。

住房市值上，如表 6 – 29 所示，640 户住户的房产价值平均为 84. 79 万元，最小值为 1 万元，最大值为 300 万元。

在拥有房产的 640 户家庭中，还有 252 户家庭拥有其他房产，占总样本的 24. 66%，即约 1/4 的家庭拥有多处房产。其中，227 户家庭拥有额外的 1 套房产，平均价值 60. 07 万元；23 户家庭拥有额外的 2 套房产，平均价值 62. 72 万元；2 户家庭拥有额外的 3 套房产，平均价值 250 万元。不难看出，额外的第一套房产和第二套房产主要是用于投资，其价值低于家庭当前住房；无论是从面积上，还是从价值上，额外的第三套房产则主要是豪宅类型。

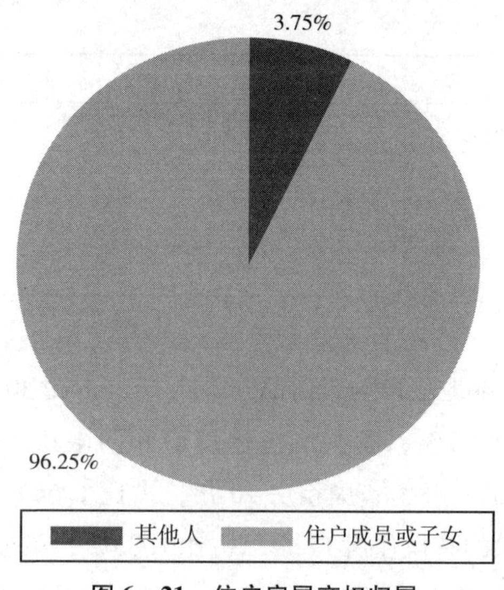

图 6-21　住户房屋产权归属

表 6-29　住房市场价值　单位：万元

指标	有效样本（户）	平均	最大值	最小值
住房市值	640	84.79	300	1

6.5　政策建议

根据家庭经济状况调查结果，为进一步提高武汉城市居民的家庭收入、优化收入结构、引导家庭合理消费、提升居民消费对武汉经济发展的促进作用，提出下列政策建议。

6.5.1　提高居民收入，优化收入结构

1. 促进经济增长，提升居民的增收能力

要想切实提高武汉城市居民的家庭收入，保证武汉经济快速高质量增长是

重要的前提与基础。全力推进产业发展提速增效，全面夯实城乡居民增收的基础。没有强大的产业体系，经济发展就没有支撑，居民增收就没有支点，要牢固树立循环发展理念，坚持一、二、三产互动，推动融合发展，夯实增收基础。一是推动农业产业化经营，全面释放农业内部增收潜力。农业既是三次产业的基础，更是居民增收的基石，以发展优质、高效、生态、安全农业为目标，大力优化农业产业布局和农产品品种结构。二是优化工业产业结构，促进转型升级。认真落实《武汉制造2025行动纲要》，一方面抓紧推动传统动力不断改造升级，另一方面促进新动力加快孕育成长。到2020年，工业增加值达7600亿元，工业总产值达2.7万亿元，基本建成国家先进制造业中心框架；到2025年，工业增加值达1万亿元，工业总产值达3.5万亿元，全面建成国家先进制造业中心。2035年，武汉将打造成为具有全球影响力的产业创新中心。三是推动三产升级发展，与武汉亟需的现代服务业相结合，降低外资准入门槛，吸引外商在武汉投资发展一流医疗、教育、商务服务等现代服务业，努力为城市功能补齐“短板”。实施“互联网+”战略，大力培育新产业、新业态，促进互联网、大数据等信息技术与传统产业跨界融合，扶持电子商务与网络金融服务等产业快速发展，构建居民增收的新支点。

2. 促进就业创业，增加居民工资性收入

从武汉市城市家庭收入结构来看，工资性收入是主要收入来源。因此，积极推动武汉市城镇居民就业，是有效拓宽居民增收、实现收入增加的重要渠道。

就业是民生之本，是劳动者融入社会、实现价值、分享成果、获得幸福的根本途径。就业更是武汉市居民收入来源的主要渠道，改进和完善职工收入与经济效益协调增长机制，完善企业工资指导线和最低工资制度，在提高效益的基础上逐步提高最低工资标准和离退休人员待遇。在国家大力支持创新创业的大背景和宏观政策支持下，结合二、三产业发展鼓励创业就业方面还有十分广阔的空间，要规范劳动力市场秩序，鼓励劳动者自主创业和自谋职业，促进多种形式就业，增加城镇居民收入。着力完善扶持创业的优惠政策，形成政府激励创业、社会支持创业、劳动者勇于创业新机制。政府要加快转变职能，创造

更好的市场竞争环境，营造有利于大众创业、市场主体创新的政策环境和制度环境，从而让更多的城乡居民家庭有机会参与个体经营或开办私营企业，同时引导资金进入这些“生产性”部门，通过提高城乡居民家庭持有工商业生产经营固定资产的比例，促进居民家庭“非农生产经营收入”的提高，进而推动居民家庭消费的增长。

具体而言，2017 年武汉市委常委会第 39 次会议审议并原则通过《武汉市城乡居民增收激励计划（2018—2020 年）》，提出未来三年的目标任务是坚持在经济增长的同时实现武汉城乡居民收入同步增长、劳动生产率提高的同时实现劳动报酬同步提高。此举将从充分就业、创新创业、重点群体增收、兜底保障等方面积极拓展增收渠道，扩大中等收入群体，推动城乡居民收入增长与经济增长同步。充分就业即通过提升就业岗位创造能力、大规模开展职业技能培训、深入实施援企稳岗等措施实现更高质量和更充分就业。通过完善职工工资正常增长机制、健全科技人员、技能人才收入分配制度、建立新型职业农民培育机制、维护劳动者合法劳动权益等措施推进重点群体增收。通过实施精准扶贫、推动社会保险扩面提标、强化困难群体托底保障等措施提升兜底保障能力。

3. 建立健全市场体制，拓宽居民财产性收入增收渠道

“创造条件让更多群众拥有财产性收入”的首次提出是在党的十七大报告中，由此可见，财产性收入在完善的市场经济体制中是居民增加家庭收入的重要渠道。

首先是优化武汉市居民收入分配体系。财产是财产性收入的前提，有财产才有财产性收入。因此，在收入分配体系中，提高居民在分配中的比重，对于提高居民的整体收入水平具有重要的意义，对于扩大内需、促进财产性收入的增加也有积极的推动作用。其次是要为武汉市居民获得财产收入创造条件。根据国家统计局的定义，财产性收入主要来自房地产，银行存款和股票、基金等金融产品。以前，我国居民的财产性收入主要是存款利息，不过，居民资产主要表现为银行储蓄，必然使得整个社会的融资结构过分依赖银行贷款，抑制和制约了财产性收入的增长，也使得整个金融结构缺乏灵活性。因此，我们就应

该把更多的目光集中到资本市场上，为人们的财产可以在资本市场上获得收入创造条件。提高居民的财产性收入的比重，就需要根据居民的不同金融资产需求，提供多样化的金融产品。在资本市场上，如果有足够多的金融产品，每一类人群就可以根据其财富水平和风险偏好去配置相应的资产。但是现阶段我国资本市场上金融产品的种类还不足以满足人们通过投资获得财产性收入的需要。

6.5.2 引导家庭合理消费，优化家庭支出结构

1. 积极拓宽消费领域

从调查结果看，家庭年度平均支出占家庭年均总收入的 33.65%，平均消费倾向较低，消费增长空间较大。因此，加强宏观调节，加大投入力度，发展经济适用住房建设，努力增加商品房供给，控制商品房价格过快上涨，保障城市中低收入家庭住房面积和质量有较大改善。推进医疗卫生体制改革，更好满足武汉市居民健康医疗消费需求。大力发展公益办学等各类教育机构，抑制教育收费过快增长，尽量减少外地住户在子女教育方面的支出。加快旅游业发展，倡导积极健康的娱乐休闲方式，提高人民精神生活质量，引导居民消费。积极促进农村进城务工人员等各种形式的外来住户落户定居武汉，壮大武汉整体消费群体的规模，增加消费群体的基数。

2. 更新居民的消费观念

努力提高城乡居民收入，提高居民特别是农村居民和城镇低收入者的消费能力，启动和扩大消费需求。引导消费预期，增加即期消费。通过健全公共服务、扩大社会保障覆盖面、发展商业保险等措施，努力解除居民扩大消费的后顾之忧。积极倡导信贷消费，简化贷款手续，扩大消费信贷规模，拓宽消费信贷领域，延长贷款偿还年限，支撑和促进居民消费升级。加强消费政策引导，着重发展与人民生活密切相关的交通、通信、教育、医疗、金融、保险、房地产、商业、家庭服务、咨询等服务行业及计算机网络、软件等高科技信息产品

产业的发展，为居民消费结构向更高层次发展提供条件。

3. 强化消费市场监督管理

购买交通工具、衣着支出和医疗器具及药品这三项支出成为武汉居民家庭最大的支出，合计占总支出的一半以上。因此，加强对教育、医疗、住房等产品和服务的价格监管，遏制价格过快上涨。打击假冒伪劣产品，维护市场秩序，优化消费环境，降低居民消费风险。提高消费者素质，建立科学、健康的消费观，积极运用舆论工具，宣传消费知识，树立正确的消费观念和消费意识，把消费结构引向物质文明和精神文明相结合的方向。

4. 健全完善社会保险制度

扩大城镇基本养老保险覆盖范围，加快完善社会统筹与个人账户相结合的城镇职工基本养老保险制度，确保养老金按时足额发放，完善社会统筹机制，逐步做实个人账户；建立企业年金，发展个人储蓄性养老保险和商业保险，形成多层次养老保险体系；以非公有制企业为重点，逐步将基本养老保险扩大到城镇所有从业人员，进一步扩大养老保险覆盖面。建立适合不同人群特点和满足多层次医疗需求的医疗保险体系，引导有条件的企业建立补充医疗保险，规范大额补充医疗保险的运作；健全完善生育保险制度。建立失业保险待遇与缴费适当挂钩的机制，健全和完善失业保险促进再就业功能。以高风险行业和进城务工人员为重点，发展工伤保险，实行工伤保险与安全生产、事故预防相结合，逐步形成统一制度。探索建立农村保险制度，以失地农民养老保险为重点，稳妥推进农村养老保险，发展和巩固以大病统筹为主的新型农村合作医疗制度。

5. 健全和完善社会救助体系

按照“应保尽保、分类施保”的原则，建立城乡居民最低生活保障标准合理增长机制，确保城乡低保对象的保障水平与全市经济发展和广大群众生活水平相协调。将“五保”供养经费列入各级财政预算，建立“五保”供养长效机制，实现由农村集体福利事业向社会福利事业转变。进一步完善医疗救助政策，逐步提高对困难户的医疗救助水平。完善教育救助制度，保障贫困家庭子女平等受教育的权利。进一步落实住房保障制度，通过建立城市廉租房等措施，确保低收入群体的基本居住条件。积极做好法律救助工作。建立和完善市、县（市）区、乡（镇）、村（居）四位一体的社会救助机构，确保救助政策落到实处。广泛动员社会力量参与社会救助事业。

6.6 小　结

调查数据显示，武汉市居民家庭用户年均收入约6.36万元，主要集中在2.5万～7.5万元的区间内。不同家庭之间的年度收入存在一定的差距，最高的家庭年收入约72万元，最低的家庭年收入则仅有0.96万元，户籍对家庭收入的影响较小，外地住户家庭年收入略高于本地住户。家庭收入主要来源于家庭成员的工资收入，年均约5.13万元，占家庭总收入的82.87%。极少数家庭有领取最低生活保障金的经历，需要长期领取最低生活保障的困难家庭约占1.57%。

家庭年度平均支出约2.14万元，占家庭年均总收入的33.65%，反映出武汉市居民的储蓄倾向较高，存在较大的消费增长空间。外地住户相对本地住户在家庭支出上更加保守，其中本地住户年度支出约2.37万元、外地住户约1.79万元。购买交通工具、衣着支出和医疗器具及药品这三项支出成为武汉居民家庭最大的支出，合计占总支出的一半以上。

武汉市居民家庭约有1/3的家庭拥有汽车，即大约每3户家庭有1辆汽车，其中约有5%的家庭拥有2～3辆汽车。汽车的平均价值集中在13.50万元，可见车辆主要以家庭实用型为主。购买家用电器方面，以电脑为例，超过2/3的家庭拥有电脑，平均每户拥有电脑1.28台。

住房类型上，大部分家庭都是普通住宅（96.38%），有极少数是集体宿舍和工棚（1.96%）以及工作地住宿（1.66%）。住房条件上，厨房和卫生间等基本生活设施基本全覆盖，天然气普及率较高，约为4/5，即每5个住户中只有1户没有使用天然气。平均住房面积76.64平方米，本地住户（81.42平方米）略高于外地住户（69.61平方米）。购买商品房、市场租房和购买原共有住房是武汉市居民住房的三大来源，分别占比35.23%、26.80%和19.39%。

后记

本书在中国城市劳动力调查（武汉）第四轮调查的基础上撰写，从武汉市劳动力的人口特征、人力资本状况、就业状况、社会保障状况等五个方面对武汉市劳动力的现状进行了较为全面的介绍和分析，并在此基础上提出对策建议，有助于深入了解和认识武汉市劳动力市场的现状和存在的问题。

本书的完成是集体智慧的结晶。本书的提纲和基本架构由漆腊应拟订，在写作过程中，来自湖北经济学院经济与环境资源学院的几位老师提供了大力的帮助：刘亚飞在数据分析方面做了大量工作，叶洪涛、王琼、乔长涛、汪全伟等几位老师参与了部分章节的写作，付宏阅读了本书的初稿，并提出了很多宝贵的意见。

中国城市劳动力（武汉）第四轮调查得到了中国社会科学院的资助。中国社会科学院人口与劳动经济研究所对此次调查进行了全程指导，来自湖北经济学院中国改革试点探索与评估协同创新中心湖北分中心、湖北数据与分析中心的张耀峰、王玉宝、王磊、叶提芳、曾天宝等老师作为督导全程参与了此次调查工作。本书的出版得到了湖北经济学院中国改革试点探索与评估协同创新中心湖北分中心的资助，在此一并表示感谢。

作者

2018 年 9 月